일타스님의 초발심자경문 강의 ②
발심수행장
영원으로 향하는 마음

🌱 효림

초발심자경문 강의 ②
발심수행장

초　판 1쇄 펴낸날 1994년 1월 15일 (영원으로 향하는 마음 21쇄 발행)
개정판 1쇄 펴낸날 2015년 1월 26일 (전체 내용 개정)
　　　　 7쇄 펴낸날 2023년 7월 21일

지은이 일타스님
엮은이 김현준
펴낸이 김연지
펴낸곳 효림출판사

등록일 1992년 1월 13일 (제2-1305호)
주　소 서울시 서초구 반포대로14길 30, 907호 (서초동, 센츄리Ⅰ)
전　화 02-582-6612, 587-6612
팩　스 02-586-9078
이메일 hyorim@nate.com

값 8,000원

ⓒ효림출판사 2015
ISBN 978-89-85295-95-6　03220

잘못 만들어진 책은 바꿔 드립니다.
이 책은 저작권법에 따라 보호를 받는 저작물이므로 무단전재와 무단복제를 금지합니다.

序

   불교 입문의 지침서인『초발심자경문』중 원효대사의「발심수행장」을 강설하여『영원으로 향하는 마음』이라는 부제를 붙여보았다.
  영원으로 향하는 마음.
  영원한 것은 변하지 않는 것이요 변하지 않는 것은 곧 진리이다. 만물은 끊임없이 유전流轉하고 제행諸行은 무상한데, 과연 어떠한 것을 일러 영원한 진리라 할 것인가?
  모양이 있는 것有相, 함이 있는 것有爲은 반드시 생성과 유지와 소멸의 과정을 겪게 된다. 그러므로 허망하지 않은 것이 없다. 그러나 모양이 없고無相 함이 없는 것無爲은 생성되지도 소멸되지도 않을뿐더러 변화와 무상無常을 초월한 것이니, 이것을 남음도 모자람도 없는 영원한 진리라 한다.
  그럼 발심이란 무엇인가?
  진리의 세계에 이르는 공부를 하겠다는 결심을 하는

것을 발심이라 하는 것이니, 발심은 곧 신심이요 환희심이다. 기쁨이요 즐거움이요 편안함이다. 여기에는 성냄도 탐욕도 있을 수 없고, 오직 한마음 돌이킴이 있을 뿐이다.

일찍이 동방의 성자 원효대사는 이「발심수행장」의 글처럼 수행하셨다. 배고프면 나무 열매로 주린 창자 위로하고 흐르는 물로 갈증을 풀면서, 높은 산 깊은 계곡의 바위굴을 법당으로 삼아 한 마음 밝히고자 용맹정진하셨다. 마침내 한 마음의 이치를 크게 깨달은 원효대사는 우리 모두에게 이 마음을 닦게 하고자「발심수행장」을 저술한 것이다.

「발심수행장」은 원효대사의 논총 1백책 240권 중 가장 짤막한 저술이지만, 어두운 사바세계를 밝히는 영원한 등불이요 감로의 법우法雨라 하지 않을 수 없다.

나의 얕은 신심, 열등한 지혜를 가지고 이 바다와 같

이 넓고 깊은 「발심수행장」을 어떻게 강술하여 빛낼 수 있을까? 오직 최선을 다할 뿐이다.

무상無常한 줄 아는 마음
바로 무상보리심無上菩提心
덧없음을 아는 마음 위없는 마음이니
상없는 그 마음이 초발심 가는 길
   諦觀生滅無常心 체관생멸무상심
   卽是無上菩提心 즉시무상보리심
   無常心是無上心 무상심시무상심
   無相可得初發心 무상가득초발심

불기 2538년 부처님 오신 날
해인사 지족암
동곡 일타

개정판을 내면서

　불교 입문의 지침서인 『초발심자경문』은 보조국사의 「계초심학인문」, 원효대사의 「발심수행장」, 야운비구의 「자경문」을 함께 모아 부르는 제목이며, 이 중 가장 간결하면서도 읽을수록 신심을 불러일으키는 글은 「발심수행장」입니다.
　이 발심수행장에 대해 일타스님께서 강의한 내용을 정리하여 1994년에 『영원으로 향하는 마음』이라는 제목으로 발간하였는데, 그 내용이 너무 상세하고 또한 보충할 부분이 없지 않아, 스님께서 설하신 육성테이프를 다시 듣고 글을 다듬어, 월간 「법공양」에 2013년 10월호부터 2014년 9월호까지 1년 동안 연재하였고, 그 글들을 모아 개정판을 발간하였습니다.
　부디 이 책을 읽는 모든 불자들이 「발심수행장」의 세계 속으로 들어가 깊은 신심을 이루고 참된 발심을 하옵기를 두 손 모아 축원드립니다.

2015년 새해 아침
글을 엮은 김현준 拜

차 례

序 … 5

1. 중생과 부처님 … 13
- 부처님은 어떠한 분인가 / 13
- 부처님이 장엄하신 적멸궁 / 21
- 중생의 불타는 집 / 24

2. 삼독심과 삼악도 … 31
- 삼독심 / 31
- 삼악도 / 36
- 사대四大와 오욕五欲 / 40

3. 법왕자가 되는 길 … 50
- 능력껏 착한 행을 / 50
- 자제력이 중요하다 / 58
- 누가 법왕자인가 / 64

차 례

4. 신심으로 수행하라 … 68
- 수행인이 머물 곳 / 68
- 정신력으로 무장하라 / 72
- 용맹정진 / 79

5. 출가사문의 참모습 … 86
- 애착을 벗어버려라 / 86
- 도가 익을때까지는 산중에서 / 95

6. 계 · 정 · 혜 삼학을 닦으며 … 106
- 계행부터 지키자 / 107
- 지혜롭게 자리이타행을 실천하라 / 118
- 참뜻을 알고 이치를 깨쳐라 / 126
- 청정행이 최상의 사다리 / 136

7. 큰 복을 이루려면 … 142
- 참된 복 짓기 / 142
- 사자좌에 오를 그날까지 / 150

차 례

8. 선신들이 돕는 사람 … 157
- 선신들이 먼저 안다 / 157
- 모름지기 일찍 서둘러라 / 170

9. 한 번 참으면 길이 즐겁다 … 175
- 잘 참는다는 것은 / 175
- 진정한 부자 / 180

10. 불교공부, 지금 여기에서 … 189
- 끝이 없는 세상 일 / 189
- 오른손 네 손가락을 태우며 / 195
- 닦는 일이 급하다 / 206

◆ 맺는 말 … 215

◆ 부록 : 독송용 발심수행장 … 221

1. 중생과 부처님

대저 모든	부처님이	적멸궁을	장엄함은
다생다겁	욕심놓고	고행을 한	까닭이오
중생들이	윤회하며	불타는 집	넘나듦은
무량 세월	탐욕심을	놓지 못한	때문일세
夫諸佛諸佛	莊嚴寂滅宮	부제불제불 장엄적멸궁	
於多劫海	捨欲苦行	어다겁해 사욕고행	
衆生衆生	輪廻火宅門	중생중생 윤회화택문	
於無量世	貪欲不捨	어무량세 탐욕불사	

부처님은 어떠한 분인가

「발심수행장」을 쓴 신라의 원효대사元曉大師는 우리나라 최고의 고승으로 대부분의 불자들이 잘 알고 있는 분이므로, 특별한 소개 없이 바로「발심수행장」풀이로 들어가겠습니다.

원효스님은 「발심수행장」의 첫머리에 "**모든 부처님이 적멸궁을 장엄하셨다.**"는 글을 두었습니다. 왜 원효스님께서는 이 글을 가장 앞에 두었을까요? 그 까닭은 이것이 모든 불자들의 목표요 나아가야 할 바이기 때문입니다.

우리는 불자입니다. 우리들 스스로가 부처님의 아들딸이 되기로 작정한 존재입니다. 따라서 불자라면 어버이 되시는 부처님이 어떠한 분인가를 분명히 알아야 합니다.

부처는 범어 붓다(Buddha)에서 나온 말입니다. 중국에서는 붓다를 음역하여 '불佛'이라 하였고, 뜻으로 번역하여 '각자(覺者, 깨달은 이)'라고 하였습니다. 곧 진리 그 자체인 법(法, Dharma)을 깨달은 분이라는 뜻입니다.

그러나 '부처' 속에 담긴 각覺의 의미는 이것 이상입니다. '자각각타自覺覺他 각행원만覺行圓滿' 입니다.

"스스로 진리를 깨달았고 그 진리로써 다른 사람을 깨우칠 뿐 아니라, 깨달음의 행이 원만한 분"

이것이 붓다, 곧 각에 대한 정통적인 해석입니다. 그리고 불교에서는 부처님에 대한 열 가지 칭호인 '**여래 10호**如來十號'를 통하여 부처님이 어떠한 분인가를 가르치고 있습니다. 이를 통하여 부처님의 참모습과 권능에 대해 조금 더 자세히 살펴보도록 합시다.

① **여래**如來 : 범어 타타아가타(tathagata)를 뜻으로 옮긴 여래는 지금까지의 부처님들과 같은 길을 걸어서 열반의 저 언덕에 도달한 사람, 또는 진리에 도달한 사람을 가리키는 말입니다. 곧 여래는 진여眞如의 세계에서 오신(來) 분이라는 뜻입니다. 번뇌망상의 세계가 아니라 참되고 한결같은 진여의 세계에서 와서 진여를 깨치고 깊은 자비심으로 중생을 교화하다가 진여의 세계로 되돌아가는 분이라는 뜻입니다.

② **응공**應供 : 부처님은 진리와 하나가 된 분이요 중생을 위해 사시는 분이므로 모든 이들로부터 공양을 받을 만한 자격을 갖춘 분입니다. 곧 '어떠한 공양도 받을 만하다, 어떠한 공양에도 응할 만하다'는 뜻에서 '응공'이라고 칭합니다.

③ **정변지**正遍知 : 정변지는 정지正知와 변지遍知를 합한 말입니다. 곧 부처님은 진리인 정지를 정확하게 알 뿐만 아니라, 중생을 위한 방편인 변지도 온전하게 알고 있는 분이라는 뜻입니다.

④ **명행족**明行足 : 명행족의 '명'은 삼명三明, 곧 세 가

지 밝은 지혜로 숙명명宿命明·천안명天眼明·누진명漏盡明이 그것입니다. 숙명명은 전생을 남김없이 아는 지혜이고, 천안명은 어느 세계의 일이든 다 볼 수 있는 능력이며, 누진명은 모든 고통의 원인이 되는 현세의 번뇌를 끊는 지혜입니다. 또 '행'은 스스로도 이롭게 하고 남도 이롭게 하는 자리이타행自利利他行, '족'은 구족具足을 뜻합니다.

이 세 글자를 붙여 명행족을 해석하면, 부처님은 과거·현재·미래와 모든 세계의 일을 남김없이 아는 지혜를 갖추었을 뿐만 아니라, 모두를 이롭게 하는 자비행의 구현자라는 것입니다. 달리 말하면 지혜와 자비행을 함께 갖춘 분〔智行兩足尊 지행양족존〕이라는 뜻입니다.

⑤ **선서善逝** : 선서는 이 세상을 '잘 떠나간다'는 뜻입니다.

죽음은 인생의 최대 비극입니다. 특히 병에 걸린 사람의 죽음에는 큰 고통이 따르기 마련입니다. 어떤 이는 '아파서 더 이상은 살지 못 하겠다'고까지 합니다. 누군들 이렇게 죽기를 바라겠습니까? 이 때문에 사람들은 나이를 먹을수록 편안하게 죽기를 염원하게 되며, '잘 가신 분', 선서는 바로 잘 죽는 것을 가리킵니다.

그럼 어떻게 죽어야 '잘 가신 분'이라고 하는 것인가? 죽는 시간을 잘 알고 죽는 법을 잘 알며, 미혹을 완전히 뛰어넘어서 다시는 미혹의 세계로 돌아오지 않는 분이라야 '잘 가신 분'이라는 칭호를 얻을 수 있습니다. 생사를 해탈하여 죽음에 자유자재한 분께 '선서하셨다'고 하는 것입니다.

⑥ **세간해世間解** : 세간해는 글자 그대로 '세간을 잘 아시는 분'이라는 뜻입니다. 출가하여 산중생활을 하거나, 도시에 있을지라도 가정이 없는 승려들은 세간의 일을 잘 모르는 수가 많습니다. 그러나 부처님은 세상물정이나 세상살이의 고충을 너무나 잘 아시는 분입니다. 뿐만이 아닙니다. 모든 중생의 근기根機, 남녀의 속성, 개인의 성격까지도 낱낱이 알고 계시는 분입니다. 이토록 세상의 모든 일을 잘 알고 있기 때문에 '세간해'라고 하는 것입니다.

⑦ **무상사無上士** : 무상사는 그 이상이 없는 '최상의 선비'라는 뜻입니다. 옛날에는 공부를 많이 한 사람을 일컬어 선비〔士〕라 하였고, 출가한 스님들은 상사上士라고 하였습니다. 세상을 벗어나, 이 세상의 모든 희노애락을 초월했기 때문에 세속 위에 있는 선비〔上士〕라고 하는 것입니다.

속인과 승려의 차이점이 바로 여기에 있습니다. 우물 안의 개구리처럼, 사람[人]이 애욕의 골짜기[谷] 속에 파묻혀서 세상 넓은 줄 모르고 사는 것을 '속俗'이라 하고, 일찍이[曾] 인생의 무상함을 깨달아 세속을 떠난 사람을 '승僧'이라고 합니다.

일찍 인생을 깨달은 승려들. 그 많은 상사上士들 중에서 무상대도無上大道를 깨달은 이가 부처님이기 때문에 '무상사'라고 한 것입니다.

⑧ **조어장부調御丈夫** : 조어장부를 말 그대로 풀이하면 '장부들을 잘 조복調伏하고 제어한다'는 뜻입니다.

장부丈夫라고 하면 흔히 남자를 연상하지만, 남자만이 장부가 되는 것은 아닙니다. 비록 남자라 할지라도 자기 자신과 가족 외에는 돌아볼 줄 모르는 졸장부가 많으며, 여자 중에서도 남을 위해 기꺼이 자기를 희생할 줄 알고 진리를 추구하는 여장부가 많습니다. 부처님은 이러한 대장부·여장부들의 마음을 고르게 다스려서 열반의 세계로 인도하기 때문에 '조어장부'라 한 것입니다.

⑨ **천인사天人師** : 모든 하늘과 인간의 스승이 될 수 있는 분은 오직 부처님뿐이라고 하여 천인사라 하였습니다. 물론 부처님은 육도六道의 중생, 지옥·아귀·축

생·아수라·인간·천상계에 살고 있는 모든 중생의 스승입니다. 그러나 육도 중 지옥·아귀·축생계의 중생들은 아둔하여 부처님의 법문을 그대로 수용할 수 있는 그릇을 갖추고 있지 못합니다. 그러므로 부처님의 법문을 잘 수용할 수 있고 능히 가르침을 받을 만한 천인이나 우리 인간들만을 택하여 천인사라 한 것입니다.

⑩ **불세존佛世尊** : 불세존은 진리를 깨달아 가장 존귀하게 된 분이요, 만덕萬德을 갖추고 있어 세간의 존경을 받아 마땅한 분이라는 뜻입니다.

이상과 같은 부처님의 열 가지 호칭을 잘 이해하게 되면 부처님께서 어떠한 능력을 갖추고 계신지를 짐작할 수 있습니다.

곧 진리의 세계에서 오신 분, 능히 공양을 받을 만한 분, 진리와 방편을 모두 통달하신 분, 시간과 공간을 초월하여 모든 것을 꿰뚫어 보시는 분, 지혜와 자비를 함께 갖춘 분, 생사를 해탈하여 잘 가시는 분, 세간의 모든 일을 잘 이해해주시는 분, 스승들 중에 최상의 스승이요 모든 장부들을 다스리는 분, 인간은 물론이요 천신들의 스승이 되시는 분, 진리를 깨닫고 만덕을 갖추어 세상의 존경을 받아 마땅한 분이 부처님이십니다.

이 얼마나 거룩하신 분입니까? 우리 불자는 이런 거룩한 분의 아들·딸인 만큼, 마땅히 큰 자부심을 품고 살아가야 합니다.

이제 본문으로 돌아갑시다.

원효스님이 본문의 첫머리에서 거듭 반복하여 '제불제불諸佛諸佛'이라 하였습니다. 이렇게 '제불'을 연이어 쓴 것은 '모든 부처님을 지칭하고 있음'을 나타내고자 한 때문입니다.

흔히 '여러 부처님〔諸佛〕'이라고 하면 과거칠불過去七佛을 먼저 연상하게 됩니다. 과거칠불은 불교의 현겁賢劫에 있었던 일곱 부처님으로 비바시불·시기불·비사부불·구류손불·구나함불·가섭불·석가모니불을 가리킵니다.

또 '모든 부처님〔諸佛諸佛〕'이라고 할 때는 삼대겁三大劫동안 출현하는 부처님을 지칭하게 됩니다.

1대겁은 지구가 생성된 뒤 소멸되기까지의 시간을 말합니다. 지금은 소멸되었으나 과거에 지구세계가 있었던 장엄겁莊嚴劫, 현재의 지구가 생성된 뒤 소멸되기까지의 현겁賢劫, 현재의 지구가 소멸되고 난 다음에 다시 생겨나는 미래의 지구 시대 성숙겁星宿劫, 이 셋을 일컬어 3대겁이라 합니다. 그리고 1대겁마다 1천불씩, 합하여 3천불이 출현한다고 합니다.

우리가 3천배를 하는 것은 바로 이 삼세 3천불께 한 번씩의 절을 올리는 것이며, '모든 부처님'이라고 할 때는 3대겁에 출현하는 3천불 모두를 지칭하는 것입니다.

부처님이 장엄하신 적멸궁

그럼 이 부처님들은 어디에 계시는가? 원효스님은 '적멸궁寂滅宮'에 있다고 하셨습니다.

적멸의 궁전! 적멸은 범어 니르바나(Nirvāṇa, 涅槃)를 뜻으로 풀이한 말입니다. 니르는 '사라지다·꺼진다' 등의 상태를 나타내는 부정적인 접두사이고, 바나는 '불'이므로, 니르바나라고 하면 '불이 꺼진 상태'를 가리킵니다. '번뇌의 불길이 모두 꺼져서 본래의 고요함으로 되돌아간 상태'를 일컬어 적멸이라고 하는 것입니다.

바꾸어 말하면 적멸은 환멸還滅입니다. 적멸로 되돌아가는 환멸. 이를 인생살이에 비유하여 조금 쉽게 풀어봅시다.

삶을 사는 방법은 크게 두 가지로 나누어집니다. 하

나는 탐욕과 분노와 어리석음에 빠져서 끊임없이 타락의 길로 흘러가는 유전流轉의 삶이고, 또 하나는 탐욕과 분노와 어리석음을 끊고 스스로의 진실을 체험하며 참된 본성의 자리로 되돌아가는 환멸의 삶입니다.

석가모니불께서는 이 두 가지 중 환멸의 삶을 택하여 어떠한 번뇌의 불길도 일어나지 않는 적정寂靜의 상태에 이르게 됨으로써 부처가 되셨습니다. 그리고 45년 동안 중생들에게 환멸의 삶을 가르치다가, 이 육신으로 인한 마지막 장애까지를 모두 버리고 적멸의 보궁으로 돌아가신 것입니다. 우리가 부처님의 사리를 모신 곳을 적멸보궁寂滅寶宮이라 하는 까닭도 바로 여기에 있습니다. 그 누구든 환멸의 삶을 이루어 적멸의 보궁에 들어서면 8종의 법미法味를 맛볼 수 있습니다.

① 생멸변화 없이 늘 머무르는 상주미常住味
② 번뇌의 불길이 완전히 꺼진 적멸미寂滅味
③ 영원히 늙지 않는 불로미不老味
④ 다시는 죽지 않는 불사미不死味
⑤ 언제나 깨끗한 청정미淸淨味
⑥ 허허로이 통하는 허통미虛通味
⑦ 동요됨이 없는 부동미不動味

⑧ 항상 행복한 쾌락미快樂味

이와 같이 적멸궁 안에는 영원〔常〕·행복〔樂〕·자유로움〔我〕·청정〔淨〕 등의 갖가지 덕이 충만 되어 있습니다.

그렇다면 부처님의 적멸궁은 어떻게 만들어지는 것인가?

원효스님께서는 "오랜 세월 동안 욕심을 버리고 고행한 때문이다." 하셨습니다. 바로 이것입니다. 한량없는 세월 동안 욕심을 버렸고, 모든 괴로움을 참고 이기며 용맹정진을 했기 때문입니다. 하고 싶은 것, 먹고 싶은 것, 갖고 싶은 것을 좇아가지 않고, 힘든 수행을 기꺼이 감수한 결과 적멸궁을 장엄하게 된 것입니다.

이를 지은대로 받는 업業의 논리로 풀어 봅시다.

만일 나쁜 업의 발생 요인이 되는 욕심과 분노에 빠지지 않게 되면 지금부터는 나쁜 업을 짓지 않게 됩니다. 그리고 과거에 지은 나쁜 업을 소멸시키고자 하면 지금 지난 세상의 업보들을 기꺼이 받아야 합니다.

곧 탐욕과 분노를 일으키지 않고 현재 나에게 다가온 업보를 기꺼이 받으면서 살아가면 영원하고 행복하고 자유롭고 청정한 적멸의 궁전이 저절로 지어지게 되는 것입니다.

그러므로 적멸궁을 짓고자 하는 불자들은 무엇보다 먼저 지금의 업보를 기꺼이 받고자 해야 합니다. 아무리 현실이 괴롭더라도 '기꺼이 받겠다'는 마음가짐으로 육체적 정신적인 고통을 참고 견디면 나쁜 업이 더 빨리 소멸되기 때문입니다.

이렇게 하여 과거의 나쁜 업이 다 녹아 죄가 없어지면 복이 생기고〔罪滅福生 죄멸복생〕, 복이 깃들면 마음이 신령스러워집니다〔福之心靈 복지심령〕. 만일 우리의 마음이 항상 신령스럽다면 그 결과가 무엇이겠습니까? 성불成佛이요 부처님이 될 수밖에 없습니다.

중생의 불타는 집

그럼 부처님과 정반대의 입장에 있는 우리 중생의 삶은 어떠한가?

원효스님께서는 "불타는 집 속에서 맴돌고 있다. 윤회하며 불타는 집을 넘나들고 있다."고 하였습니다.

불타는 집, 곧 **화택**火宅은 "삼계에는 편안함이 없으니 마치 불타는 집과 같다〔三界無安 猶如火宅 삼계무안 유여화택〕"고 한 『법화경』의 말씀에서 비롯된 것입니다.

이 『법화경』에서는, 삼계의 고해苦海를 떠돌아다니며 괴로워하는 중생들을 구제하기 위해 부처님께서 구사하는 방편을 일곱 가지 비유〔法華七喩 법화칠유〕로써 설명하고 있는데, 그 일곱 가지 중 첫 번째로 든 것이 화택유火宅喩입니다.

화택유는 불타는 집 속에서 정신없이 놀고 있는 아이(중생)들을 급히 집 밖으로 끌어내기 위해 아버지(부처님)가 취하는 방편으로, 그 내용은 다음과 같습니다.

❀

어느 나라에 수십 명의 아들과 함께 사는 큰 부자가 있었습니다. 그는 나이가 들었지만, 토지와 재물은 한량이 없었으며 하인들도 수를 헤아릴 수 없을 정도로 많았습니다. 그와 아들들은 매우 넓고 큰 집에서 살고 있었습니다. 그러나 출입을 할 수 있는 문은 단 하나밖에 없었으며, 집이 낡아 벽은 떨어지고 기둥뿌리는 썩고 대들보는 기울어져 매우 위태로운 상황에 처해 있었습니다.

그런데 어느 날 갑자기 집 속에서 불길이 일어나더니, 삽시간에 집 전체로 번져갔습니다. 그때 부자의 아들 수십 명이 모두 집안에서 놀고 있었기에, 불이 타오르는 것을 본 아버지는 아이들에 대한 걱정이 앞섰습니다.

'나는 이 불 속에서 무사히 빠져나갈 수 있다. 그렇지만 저 아이들은 놀이에 몰두하여 집이 불타고 있는 줄도 모르고 있다. 더욱이 철이 들지 않아 불을 본다 하여도 놀라거나 두려워하지 않을 것이며, 불길이 몸에 닿아 고통이 극심해져도 밖으로 뛰쳐나갈 생각을 하지 못할 것이다. 아직 나의 몸과 팔에는 힘이 남아 있으니, 강제로라도 끌어내어야 한다.'

그러나 문이 하나밖에 없어, 아이를 하나씩 끌어내다가는 몇 명도 구하기 전에 불길에 완전히 휩싸여 버릴 것임을 깨달은 아버지는 다시 생각했습니다.

'아니다. 두려움이 깃든 음성으로 크게 소리쳐서 속히 뛰어나오도록 해야겠다.'

이와 같이 생각한 아버지는 여러 아이들에게 소리쳤습니다.

"애들아, 큰일 났다! 빨리 뛰쳐 나가거라."

그러나 재미있는 놀이에 심취한 아이들은 아버지의 외침을 듣고도 밖으로 나가기는커녕, 놀라거나 두려워하지조차 않았습니다. 오히려 아이들은 무엇이 불인지, 무엇을 잃게 되는지도 알지 못하고, 사방으로 뛰어다니며 아버지를 장난스런 눈으로 바라볼 뿐이었습니다.

'이 집에서 조금만 더 지체하게 되면 모두가 불에 타 죽을 것이다. 방편을 써서라도 이 아이들을 구하지 않으면 안 된다.'

아들들이 좋아하는 것을 잘 알고 있었던 아버지는 이렇게 말했습니다.

"이 아버지가 너희들이 좋아하는 수레들을 준비했단다. 지금 너희가 이것을 갖지 않으면 반드시 후회하게 될 것이다. 양이 끄는 수레〔羊車 양거〕, 사슴이 끄는 수레〔鹿車 녹거〕, 소가 끄는 수레〔牛車 우거〕들이 지금 문 밖에 있으니, 빨리 나가 마음에 드는 수레를 골라서 타고 놀아라. 그 수레들을 너희에게 줄 것이니라."

아들들은 기뻐서 어쩔 줄 몰라 하며 앞을 다투어 뛰쳐나갔고, 아들들이 불타는 집에서 무사히 벗어난 것을 본 아버지는 비로소 안도의 숨을 쉬었습니다. 이때 아들들이 일제히 말했습니다.

"아버지, 약속하신 수레를 주셔야지요. 양의 수레, 사슴의 수레, 소의 수레는 어디에 있습니까?"

아버지는 여러 아들들에게 양수레·사슴수레·소수레가 아니라, 여러 가지 보배로 장식한 아주 멋진 큰 수레 하나씩을 주었습니다. 그 수레의 난간 사면에는 방울이 달려 있었고 위쪽으로는 차일을 쳤으며, 고운 자리에 붉은 베개까지 놓여 있었습니다.

더욱이 그 수레는 털빛이 깨끗하고 몸체가 아주 큰 흰 소(大白牛 대백우)가 끄는 것이었습니다. 흰 소는 힘이 셀 뿐 아니라 걸음걸이도 평정하고, 빠르기가 바람과 같았습니다. 그리고 많은 시중들이 수레 주위를 호위하고 있었습니다. 아버지가 아들들에게 처음 약속한 것보다 월등히 더 좋은 수레를 주게 된 것은 다음과 같은 생각 때문이었습니다.

'나의 재물은 다함이 없다. 어찌 나쁘고 작은 수레를 아들들에게 주랴. 이 아이들은 모두가 나의 자식. 어찌 사랑함에 치우침이 있을 수 있으리. 칠보로 된 큰 수레가 나에게는 한량없이 많으니, 평등한 마음으로 각자에게 하나씩 주어 차별하지 않으리라.'

§

이 비유 속의 아버지는 부처님이요, 아들들은 중생인 우리 불자들입니다.

사람들은 흔히 "아이구, 속 탄다. 속에서 천 불이 끓어오른다."고들 합니다. 바로 내 마음의 불집 속에서 매일같이 속을 태우고 볶고 끓이고 썩히는 것입니다.

스스로 불집 속에 들어가 속을 태우며 살아가는 것.

이것이 바로 중생의 삶입니다. 집이 불타고 있고, 조금 있으면 타 죽게 되어 있는 데도 그 집 속에서 무엇인가를 하기에 바쁜 존재. 그것이 바로 중생입니다.

부처님께서는 이러한 중생들을 불타는 집 밖으로 나오게끔 인도하는 분입니다. 하지만 중생의 근기가 각각인지라, 자신이 이해하지 못하는 것은 받아들이려 하지 않습니다.

그래서 부처님께서는 먼저 그들 각각이 원하는 선물을 주겠다고 합니다. 자세한 설명을 원하는 '성문聲聞'의 성품을 지닌 이에게는 양의 수레를, 홀로 조용히 명상하며 인연의 이치를 관찰하기를 좋아하는 '연각緣覺'의 성품을 지닌 이에게는 사슴의 수레를, 남에게 베풀기를 좋아하는 '보살菩薩'에게는 소의 수레를 주겠다고 하여 이끌어 들입니다.

그러나 부처님의 대자비는 성문·연각·보살의 경지에서 멈추지 않습니다. 처음에는 방편으로 세 종류의 수레를 제시하지만, 결국에는 그들 모두에게 흰 소가 끄는 가장 멋진 수레인 대백우차大白牛車, 곧 일불승一佛乘의 가르침을 내려 부처가 되도록 인도하는 것입니다.

그렇지만 『법화경』의 화택유에서처럼, 대부분의 중생은 불의 무서움도 잊은 채 자기들의 놀이에만 몰두하고 있습니다. 그들은 좀처럼 집밖으로 나가려 하지 않습니다. 불타는 집에서 정신없이 살다가 그 불에 타서 죽고 또다시 불타는 집에 태어나 죽고 또 죽고…. 이것이 윤회하는 중생의 모습입니다.

그렇다면 중생의 집인 화택은 어떻게 해서 생겨나는 것인가?

좁게 말하면 원효스님의 말씀처럼 '**한없는 세상에서 탐욕을 버리지 못하기 때문**'이고, 조금 더 넓게 보면 삼독심三毒心때문입니다. 원효스님께서는 이어지는 다음 구절에서 삼독심과 욕망에 대해 거듭 말씀하고 계십니다.

불자들이여, 간곡히 당부드리오니, 부처님에 대한 확고한 믿음 속에서 '지금의 탐욕을 놓아버리고 지난 업을 기꺼이 받겠다는 자세로 살고자 하는' 발심을 합시다.

이 생각만 분명하면 부처님께서는 반드시 철부지 어린아이인 우리를 불타는 집 밖으로 구출해 주십니다. 그리고 평화와 행복이 가득한 적멸궁에서 살 수 있게끔, 일불승一佛乘의 대진리를 즐길 수 있게끔 해주십니다.

불자들이여, 무엇을 선택할 것입니까? 계속 불타는 집에 머물 것입니까? 진짜로 발심하여 부처님의 적멸궁으로 나아갈 것입니까?

2. 삼독심과 삼악도

막지 않는　저 천당에　가는 사람　적은 것은
탐진치심　번뇌로써　재물 삼기　때문이요
꾀임 없는　삼악도에　많은 사람　가는 것은
네 독사와　오욕으로　마음 보물　삼음일세

　無防天堂에　少往至者는　　무방천당 소왕지자
　三毒煩惱로　爲自家財요　　삼독번뇌 위자가재
　無誘惡道에　多往入者는　　무유악도 다왕입자
　四蛇五欲으로 爲妄心寶니라　사사오욕 위망심보

삼독심

「발심수행장」의 첫 번째 단락인 "대저 모든 부처님이 적멸궁을 장엄함은 다생다겁 욕심놓고 고행을 한 까닭이요, 중생들이 윤회하며 불타는 집 넘나듦은 무량 세월 탐욕심을 놓지 못한 때문일세."를 풀이할 때는 ① 부처님이 어떠한 분인가를 상세하게 살펴본 다음, ② 부처님께서 장엄하신 적멸궁은 어떠한 궁전이며, 무엇에 의해 궁전이 이루어지는지? ③ 중생이 사는 불타는 집의 모습과 이 집에서 중생들을 나오게끔 유도하는 부처님의 방편 및 진실된 가르침, ④ 중생들이 불타는 집에서 살게 된 까닭 등에 대해 살펴보았습니다.

이제 두 번째 단락에서는 중생들이 죽은 다음 좋은 세상으로 가지 못하는 까닭과 불행한 삶을 좇게 되는 까닭에 대해 살펴보고자 합니다.

원효스님께서는 먼저 죽은 다음에 갈 수 있는 좋은 세상인 천당부터 언급합니다.

오지 말라고 **막지 않는 저 천당**. 원효스님은 천당의 문이 언제나 활짝 열려 있어 누구라도 오는 것을 막지 않는다고 했습니다.

그렇다면 천당은 어떠한 곳인가? 천당 · 하늘나라 · 천국은 우리 민족이 예부터 아주 즐겨 썼던 언어 가운데 하나로써, 지구상의 모든 이들도 천당에 태어날 것을 염원하며 살았습니다. 곧 천당에 태어나 풍족함과 즐거움을 누리며 살고자 하였던 것입니다.

그러나 불교에서는 즐거움으로 충만 되어 있는 천당

도 윤회의 수레바퀴를 벗어나지는 못한다고 보았습니다. 곧, 천당에 태어날 공덕과 복을 지으면 그 곳에 태어나 쾌락을 누리며 행복하게 살아가지만, 복과 공덕이 다하면 다시 인간이나 아수라 등의 세계로 이동하게 된다는 것입니다. 이것이 불교의 열반 또는 정토와 천당의 차이점입니다.

그러므로 부처님께서는 천당에 가는 것과 열반의 경지에 이르는 것이 전혀 별개의 것임을 설하신 다음, 비구들에게 "천당에 태어나기를 바라지 말라."고 가르쳤습니다.

그렇지만 당시의 인도사회에서는 천당을 이상향으로 보는 것이 보편화되어 있었습니다. 이에 부처님께서는 출가승려들에게는 열반을 목표로 삼게 하였고, 재가신도들에게는 "도덕적으로 선한 생활을 하면 천당에 태어날 수 있다."는 가르침과 함께 보시 등의 선업善業을 닦을 것을 적극 권장했습니다.

과연 지옥·아귀·축생·아수라·인간·천당 등의 육도 중에서 가장 높은 곳에 있고 가장 살기 좋은 이 천당에 태어나는 것은 쉬운 일일까? 어려운 일일까?

원효스님께서는 활짝 문이 열려 있는 천당이므로 누구나 쉽게 갈 수 있는 것처럼 이야기하고 있습니다. 그런데 실제로는 사람들이 쉽게 가지 못한다고 했습니다. 왜 쉽게 가지 못하는가? 그 이유는 '**탐진치삼이라는 삼독번뇌를 나의 재물로 삼기 때문**'이라는 것입니다.

우리는 시작도 끝도 없는 시간과 무한한 공간 속에서 '나서는 죽고 죽어서는 다시 태어나기'를 끝없이 되풀이하면서, 매 순간마다 무엇인가를 끊임없이 익혀 왔습니다. 그렇습니다. 무엇인가를 분명히 익혀 왔고, 지금도 익히고 있습니다. 그런데 과연 무엇을 익혀 왔는가? 도대체 어떠한 업을 익혀 왔기에 지금의 나는 자유롭지 못한 삶, 고통의 삶을 받고 있는 것인가?

바로 탐욕과 성냄과 어리석은 생각, 곧 탐貪·진瞋·치癡라는 삼독심三毒心을 익혀 왔기 때문입니다. 먼저 탐욕부터 살펴봅시다.

인간의 욕심은 **오욕**五欲이라 하여 보통 재욕財欲·색욕色欲·식욕食欲·명예욕名譽欲·수면욕睡眠欲 등의 다섯 가지를 기본으로 삼고 있습니다. 이 가운데 음식과 수면에 대한 욕심이 근본이 되는데, 이 둘은 언제부터 시작되었는지도 알 수 없는 때부터〔無始以來 무시이래〕익혀 온 것이기 때문에, 누가 가르쳐주지 않아도 저절로 행하게 됩니다. 배 고프면 밥을 찾고, 졸리면 잠 속으로 빠져들게 됩니다. 그러므로 이와 같은 욕망을 제어하기란 결코 쉽지가 않습니다.

그리고 기본적인 욕망인 식욕과 수면욕이 충족되면 이성에 대한 색욕을 시작으로 하여 많은 부를 누리고자 하는 재욕과 명예욕에 빠져들게 됩니다.

그런데 이와 같은 욕심의 근원을 자세히 들여다보면 모두가 '하고 싶다'·'먹고 싶다'·'자고 싶다'·'갖고 싶다'·'누리고 싶다' 는 등의 '싶다'에서 출발합니다. 곧 나에게 맞는 것이 욕심을 유발시키는 것입니다.

하지만 적당한 욕심은 나쁜 것이 아닙니다. 또 적당한 욕심을 탐욕이라 하지 않습니다. 의욕이 아닌 지나친 욕심, 정도를 넘어선 욕심을 탐욕이라고 합니다. 이 지나친 탐욕을 억제하라는 것입니다. 내가 오욕을 조정하는 것이 아니라, 욕심이 나를 조정하게 되면 그때부터 탐욕이 되는 것입니다.

물론 생사윤회生死輪廻의 세계, 곧 상대적인 세계에 살다 보면 모든 일은 내가 하고 싶은 대로 되지 않습니다. 오히려 나에게 맞지 않는 일이 많이 생겨나게 마련입니다. 그러다 보면 성질을 내게 되고〔瞋〕, 화를 참지 못하여 여러 가지 어리석은 짓을 행하게 되는 것〔癡〕입니다.

삼악도

특히 욕심의 불완전 해소로 인해 탐욕과 분노와 어리석음이 자꾸자꾸 일어나게 되고, 그 삼독심의 독기운에 취하게 되면 **삼악도**三惡道라 불리는 지옥地獄과 아귀餓鬼와 축생畜生의 세계가 내 앞에 펼쳐지게 됩니다.

이 삼악도 중에서 그나마 나은 것은 **축생계**입니다. 이 축생계는 고통이 많고 낙이 적으며, 성질이 무지無知하여 식욕과 음욕이 강할 뿐 아니라 서로 잡아먹고 싸우는 세계입니다. 포유류·파충류·양서류 및 새·물고기·곤충 등을 통틀어서 축생이라고 하는데, 중생으로서 악업을 짓고 특히 어리석은 짓을 많이 한 이는 죽어서 축생의 과보를 받게 됩니다. 축생은 반드시 지은 바 업에 의해 살아야 하며, 그 업의 갚음을 다하면 다시 다른 몸을 받게 된다고 합니다.

아귀의 세계는 살아생전에 욕심을 부리고 몹시 인색하여 보시를 하지 않았거나, 다른 사람의 보시를 방해하는 행위를 저지른 자가 태어나는 곳입니다. 그 곳의 모든 아귀들은 몸이 해골처럼 여위어 있고 벌거벗은 채로 뜨거운 열의 고통을 받으며, 또 입은 크고 목구멍은 바늘처럼 가는 데도 배는 산처럼 부풀어 있어서 항상 목마름의 고통을 받는 것으로 묘사되고 있습니다.

사찰에서는 스님들이 바루공양을 한 뒤 그릇을 깨끗이 씻은 물을 아귀의 음식으로 제공하고 그들을 제도하는 풍습이 있습니다. 이는 아귀의 목구멍이 가늘어 다른 음식은 먹을 수 없을 뿐 아니라, 아귀들이 다른 물을 보면 불을 보는 것과 같아서 먹지 못하지만 자비심이 깃든 이 물만은 먹을 수 있다는 데서 비롯된 것이라고 합니다.

그리고 이 아귀를 안착하지 못한 고혼孤魂으로 보는 설도 있는데, 안착하지 못한 영혼들을 구제하는 법의 하나인 시아귀회施餓鬼會도 예로부터 널리 행하여지고 있습니다.

지옥은 가장 고통이 심한 곳으로, 흔히 지하의 감옥이라고도 일컬어집니다. 『능엄경』 제6권과 제7권에는 18대지옥이 어떻게 해서 만들어지는가를 밝혀놓은 매우 흥미로운 문답이 수록되어 있습니다. 이를 조금 각색하여 쉽게 옮겨 보겠습니다.

"한빙지옥(寒氷地獄, 얼음지옥)이 어떻게 생겨난 것입니까?"

"얼음지옥은 중생의 탐욕심으로 인해 생겨난 것이니라. 탐욕심을 달리 말하면 모든 것을 내 쪽으로 잡아당기는 마음이니라. 남이 먹을 것을 잡아당겨 내가 먹고, 남이 하고 싶은 것도 잡아당겨 내가 하며, 남이 가지고 싶은 것도 잡아당겨 내가 가지겠다는 것이 곧 이것이니라. 이와 같이 모든 것을 잡아당겨 나의 것으로 만들기 때문에 얼음지옥이 생겨나는 것이니, 마치 입을 오므려 공기를 훅 들이키면 입 끝에 찬 기운이 생겨나는 것과 같아서, 모든 것을 탐하여 잡아당기다 보면 자신도 모르는 사이에 얼음지옥 속에 갇히게 되는 것이다."

탐욕심으로 한평생 잡아당기기만 하고 베풀 줄 모르면 얼음지옥이 생겨나지 않을 수 없습니다. 이 얼음지옥은 절대적인 능력을 갖춘 존재가 있어 만들어낸 것이 아닙니다. '훅훅' 빨아들이는 중생의 탐욕심이 차디찬 얼음지옥을 만들어내고, 스스로 그 업으로 인해 갇히게 되는 것입니다.

"도산지옥(刀山地獄, 칼산지옥)이 있다는데, 그 지옥은 어떻게 해서 생겨난 것입니까?"

"모든 것이 나에게 맞지 않고 제 마음대로 되지 않으면 성을 내게 된다. 바로 성을 확 내는 순간 칼끝 같은 성질이 삐쭉 솟아나게 되고, 성내는 일이 많아지게 되면 무수히 많은 칼로 만들어진 칼산지옥이 생겨나느니라."

 실로 우리가 성을 내게 되면 바로 그 순간에 칼끝 같은 날카로운 것이 튀어나와 남을 찌르고 나 자신도 찌르게 되는 것입니다. 이것이 칼산지옥이 생겨나는 원인이 되는 것이고, 죽고 나면 그 곳에 떨어져 큰 고통을 당하게 된다는 것입니다.
 그리고 열지옥이라 일컬어지는 화탕지옥火湯地獄은 중생의 음습淫習, 곧 삿된 욕정과 음란한 버릇이 쌓이고 모여서 생겨납니다. 뜨겁게 타오르는 음심으로 마찰을 거듭하다보면 그 열을 걷잡을 수 없게 되고, 마침내는 용광로보다 더 뜨거운 화탕지옥을 만들어내게 되는 것입니다.
 이상에서 살펴본 바와 같이 삼악도인 지옥·아귀·축생세계의 고통은 우리의 상상을 넘어서고 있습니다. 만약 이와 같은 고통을 우리도 당할 수 있다는 것을 안다면 어느 누가 삼악도로 빠져드는 업을 지으며 살겠습니까?
 원효스님께서 '꾀임 없는 삼악도'라고 하였듯이, '삼악도로 오라'고 유혹하는 존재는 어디에도 없습니다. 그리고 절대적인 힘을 가진 자가 있어 삼악도 속으로 밀어

넣는 것도 아닙니다.

  이 삼악도는 우리가 만들어 낸 것이고, 만들어내는 것입니다. 중생의 업습業習이 만들어낸 바요, 중생 스스로가 삼악도로 들어가는 것입니다. 그리고 삼악도를 만들어내는 것이 삼독심이라는 것을 분명히 안 이상, 이제부터라도 삼독의 굴레를 벗어나는 삶을 살고자 노력해야 합니다.

  그렇게 하려면 무엇부터 해야 하는가? 4사四蛇와 5욕五欲을 잘 조절하는 일부터 해야 합니다.

사대四大와 오욕五欲

  원효스님께서는 "꾀임 없는 삼악도에 많은 사람이 가는 것은 네 마리 뱀과 다섯 가지 욕망에 사로잡힌 망심妄心을 보배로 삼기 때문이다." 하셨습니다. 이 말씀을 뒤집어 생각하면 가장 근원적인 답이 나옵니다. 곧 삼독심을 애써 없애려 하지 않더라도 4사와 5욕에만 끄달리지 않으면 진심眞心이 저절로 나타나고 대행복과 대해탈을 이룰 수 있게 된다는 말이 됩니다.

  해탈을 바라는 이라면 마땅히 놓아버려야 할 4사와 5욕. 이 중 4사四蛇는 우리 몸의 구성요소인 지수화풍地

水火風 사대四大를 달리 표현한 것입니다.

 불교에서는 우리의 몸을 일러 사대색신四大色身이라고 합니다. 이 몸이 땅 기운 물 기운 불 기운 바람 기운 등, 지수화풍 사대의 기운이 합하여져서 잠시 현재와 같은 모습을 나타내게 되었다는 것입니다.

 우리의 몸을 하나의 도자기로 만드는 데 비유를 해 봅시다. 도자기는 흙으로 만듭니다. 그러나 흙으로 원하는 형태를 만들기 위해서는 먼저 적당량의 물을 섞어야 합니다. 흙과 물을 잘 반죽하여 일정한 형태로 만든 다음, 불 기운을 가하여 잘 구워야 도자기가 완성됩니다. 곧 흙[地]·물[水]·불[火]만 있어도 도자기는 만들어지는 것입니다.

 그러나 움직이는 사람의 몸은 한 가지가 더해져야 합니다. 움직임의 기운인 바람[風]이 합해져야 하는 것입니다. 이렇게 지·수·화·풍 네 가지의 큰 기운[四大]이 적당하면서도 조화롭게 합하여지면 사람의 몸이 이루어집니다.

 하지만 하나의 몸을 이룬 다음에도 지·수·화·풍 네 가지 구성요소는 각각 독특한 개성을 나타내어 애착과 번뇌를 불러 일으키고 마침내는 '나'를 파멸의 길로 이끈다고 하여, 불교에서는 사대를 네 마리의 뱀, 곧

'4사四蛇'라고 부르고 있습니다. 부처님께서는 『열반경』을 설하시면서 '한 광주리 안의 뱀 네 마리〔一篋四蛇일협사사〕'라는 비유담을 들려주셨습니다.

❀

한 임금님이 아주 신임하는 신하에게 광주리 한 개를 주면서 명을 내렸습니다.

"이 광주리 속에는 각각 성질이 다른 네 마리의 뱀이 들어 있다. 이 뱀들을 한 광주리 안에서 키우되, 잘 키우면 아주 높은 벼슬을 줄 것이요, 한 마리라도 제대로 자라지 못하거나 죽게 되면 그대 또한 살아남지 못할 것이다."

왕의 명령을 받고 광주리를 들고 온 신하는 첫날부터 고민에 빠졌습니다. 네 마리의 뱀은 그 모양에서부터 색깔·습성에 이르기까지 모든 것이 제각각이라서, 한 광주리 안에 넣고 키운다는 것이 보통 힘든 일이 아니었기 때문입니다.

신하는 우선 뱀들의 머리 모양부터 살펴보았습니다. 방원장단方圓長短, 한 마리는 모가 났고〔方〕, 한 마리는 동그란 공과 같은 머리를 하고 있었으며〔圓〕, 한 마리는 길쭉하면서도 가늘고〔長〕, 한 마리는 짧고 통통하였습니다〔短〕. 또한 몸의 색깔도 청황적백青黃赤白으로, 각각 파랗고 노랗고 빨갛고 흰색으로 되어 있었습니다.

뿐만이 아닙니다. 네 마리 뱀이 지닌 독 또한 각각이어서 견허촉교見噓觸交의 독을 내뿜는 것이었습니다. 쳐다보기만 하여도〔見〕 그 독기운으로 상대를 죽일 수 있는 뱀, '후-' 하고 내뿜는 김만 쏘여도〔噓〕 상대를 죽일 수 있는 뱀, 몸에 닿기만 하여도〔觸〕 독을 옮겨 죽게 만드는 뱀, 상대방을 물어서〔交〕 죽이는 뱀이 다 모여 있었습니다.

더욱 곤란한 것은 네 마리 뱀의 좋아하는 바가 각각 다르다는 것이었습니다. 곧 견습난동堅濕煖動 중, 딱딱한 것〔堅:地〕을 좋아하는 놈, 습기 차고 물렁한 것〔濕:水〕을 좋아하는 놈, 따뜻한 것〔煖:火〕을 좋아하는 놈, 요동치는 것〔動:風〕을 좋아하는 놈이 함께 모여 있었습니다.

신하는 자기를 신임하는 임금님의 기대를 저버리지 않기 위해 정성껏 광주리 속의 뱀을 기르고자 하였습니다. 그러나 네 마리 뱀의 특성이 서로 달라 여간 힘드는 것이 아니었습니다. 뿐만 아니라, 정성껏 돌보아주는 그를 틈만 나면 죽이려 하였습니다.

날이 갈수록 뱀 키우는 것에 대한 혐오감이 깊어졌는데, 어느 날 잘생긴 나그네가 다가와 말했습니다.

"비록 왕이 네 마리의 뱀이 든 광주리를 주면서 잘 키우라고 하였지만, 그것은 이 몸뚱이와 같은 것이어서 아무리 껴안고 있어도 영검이 나지 않는 법입니다. 그 광주리를 버리고 도망을 가는 것만이 그대의 살 길입니다. 빨리 도망을 치십시오. 도망을 가다 보면 강이 나타날 것인데, 그 강만 무사히 건너게 되면 행복하고 아름다운 세계가 펼쳐질 것입니다."

'참으로 맞는 말이다. 이런 식으로 나아가다가는 독사에 의해 죽음을 당하거나 왕의 손에 목숨을 잃게 되리라. 살아나려면 도망가는 수밖에 없다.'

마침내 신하는 높은 벼슬에 대한 미련을 모두 버리고 피안의 세계를 향해 길을 떠났습니다.

§

열반의 경지에 이르려면 어떻게 해야 하는가를 비유로 설명하고 있는 이 이야기에는 그를 뒤쫓는 다섯 명의 포졸, 여섯 채의 빈 집, 여섯 명의 도둑, 주막집 여인 · 강 · 뗏목 등이 차례로 등장하면서 한참 동안 더 계속되지만, 여기까지만 줄여 소개합니다.

과연 이 비유담에서 네 마리 독사 이야기를 가장 앞에 둔 까닭이 무엇일까요? 바로 열반의 경지에 이르고자 하는 이는 무엇보다 먼저 네 마리 독사로 비유된 사대, 곧 이 몸에 대한 애착부터 놓아버려야 한다는 것을 강조하기 위해서입니다.

이야기 속의 네 마리 뱀과 같이, 우리 몸을 구성하고 있는 사대도 그 성질이 매우 고약합니다. 조금 열기운이 심해지면 다른 요소들은 '나 죽는다'며 야단이고, 물기운이 조금만 없어도 탈수현상을 일으켜 병이 듭니다. 또한 몸을 움직이지 않고 가만히 있으면 그만 바람이 들어 풍風이 오게 됩니다.

나아가 이 몸에서 숨이 끊어지면 머리카락·털·손톱·치아·피부·살·힘줄·뼈·골수·뇌 및 빛깔과 모양이 있는 것들은 전부 한 줌의 흙으로 돌아가고, 침·콧물·고름·피 등과 몸에서 생겨나는 갖가지 액체는 모두 물로 돌아갑니다. 또한 따뜻한 기운은 불로 돌아가고, 몸을 움직이는 힘은 바람으로 돌아가게 됩니다.

이 네 가지 기운 중에서 사람이 죽으면 바람기운이 제일 먼저 빠져나가게 되므로, 더 이상 움직이지 못하고 몸이 먼저 굳어지는 것입니다. 그 다음에는 따뜻한 기운이 없어지게 되어 몸이 싸늘하게 식어갑니다.

또한 죽고 나서 사흘 이내로 몸의 모든 물기가 빠지기 시작합니다. 그러므로 사람이 죽으면 코·입·항문 등의 모든 구멍을 솜으로 막아서 물이 흐르지 못하도록 하는 것입니다. 물기운이 모두 빠지고 나면 몸이 홀쭉하게 줄어들어서 껍데기와 뼈만 남게 되고, 마지막으로 온몸은 썩어서 한 줌의 흙으로 돌아가는 것입니다.

이처럼 사람의 몸은 모두 흙·물·불·바람으로 돌아가고 마는 허망한 것에 불과합니다. 그러므로 이 몸에 대한 애착을 버리라는 것이며, 이 몸이 추구하는 재욕·색욕·식욕·명예욕·수면욕 등의 **오욕락** 속으로 빠지지 말라는 것입니다.

사실 우리는 이 몸을 위하고자 오욕락에 빠져듭니다. 그러므로 이 몸에 대한 애착을 비우면 오욕락에 대해서도 많이 벗어날 수 있습니다. 특히 이 몸을 위한답시고 재욕의 상징인 돈이나 이성·명예 등에 속아서는 안 됩니다.

세상 사람들이 제일 좋아하는 돈. 사람들은 돈을 벌기 위해 잠을 줄여가면서까지 몰두를 합니다. 사탕이나 꿀물처럼 당장 우리들을 달콤하게 만드는 것이 돈이요, 없으면 당장 비참함과 무력함을 느끼게 하는 것이 돈이기 때문입니다. 그러므로 사람들이 한평생 돈의 노예가 되어 살아가는 지도 모릅니다.

그러나 돈이 필요불가결한 것이기는 하지만, 돈은 결코 나를 진정으로 위해주는 것이 아닙니다. 내가 아무리 돈을 사랑해도 그 돈은 떠나면서, "당신이 나를 사랑했지 내가 당신을 사랑한 줄 아시오?"라고 합니다. 사람이 돈을 좋아했지 돈이 사람을 좋아한 것이 아닙니다. 돈이라고 하면 사람들이 정신없이 달려들었지, 돈이 사람 좋다고 달려드는 경우는 결코 없습니다.

인간의 돈에 대한 욕심은 끝이 없습니다. 가지면 가질수록 더 갖고 싶은 것이 돈입니다. 물론 돈만이 그러한 것은 아닙니다. 이성·음식·명예도 다를 바가 없습니다. 남녀관계도 밝히기 시작하면 끝이 없고, 잘 먹고 잘 입는 것도 끝이 없으며, 명예나 권력 또한 누려도 누려도 한이 없는 것입니다.

그럼 어떻게 살아야 하는가?

먼저 자신을 한번 점검해 보십시오.

'나는 지금 참된 자기를 팽개치고 돈의 노예, 쾌락의 노예, 명예나 권력의 노예가 되어 살아가고 있지는 않은지?'

만약 그렇다면 오욕에 대한 집착과 이 사대육신에 대한 집착을 비워, 노예가 아닌 주인의 삶을 살아야 합니다. 그래야만 참다운 삶을 살 수 있게 됩니다.

그렇다고 하여 오욕락의 근원이 되는 이 몸을 함부로 하라는 것은 아닙니다. 오히려 몸은 감로수를 담고 있는 감로병과 같습니다. 감로병에 구멍이 뚫리면 감로수를 보존하기 어렵습니다. 그러므로 이 몸을 학대하거나 무참하게 사용해서는 안됩니다.

우리는 흔히들 오욕락五欲樂에 빠져드는 것이 이 몸을 즐겁게 해 주는 것이라 생각합니다. 하지만 이것 이상 더 큰 착각도 없습니다. 오욕락에 빠지면 몸은 더욱 빨리 망가집니다. 맛있는 음식, 이성과의 잦은 관계, 재물을 모으기 위해 밤낮을 잊고 행하는 노동, 그리고 그 때문에 일어나는 각종 스트레스….

그 결과는 4대의 부실로 이어지고 마침내는 4대의 붕괴로 끝을 맺게 됩니다. 4대의 붕괴. 그것은 죽음 외에는 아무 것도 아닙니다. 그 다음은 무엇인가? 나를 위하고 쾌락을 위하여 남의 희생을 강요한데 대한 업業만을 걸머지고 삼악도를 향한 여행을 떠나게 되는 것입니다.

부디 네 마리의 뱀인 이 몸의 노예가 되지 맙시다. 그냥 감로수를 담고 있는 감로병 역할만 제대로 할 수 있을 정도로만 몸을 돌봅시다. 그리고 욕심이 일어날 때마다 마음을 비워봅시다. 먹고 싶고, 갖고 싶고, 하고 싶고, 얻고 싶다 할지라도, 정도 이상으로는 '나' 쪽으로 '훅훅' 잡아당기지 맙시다.

이렇게 몸을 돌보고 마음을 비우면 삼악도는 우리들

주위에서 얼씬도 할 수 없습니다. 뿐만이 아닙니다. 도심道心 또한 저절로 자라나게 됩니다.

어떻게 살 것인가? 지옥·아귀·축생의 삼악도 삶을 살 것인가? 불타는 집에서 벗어나 적멸궁으로 들어갈 것인가?

선택은 오직 우리들 자신에게 달려 있습니다. 욕심·성냄·이기심 등의 삼독심을 내려놓고 지금의 업을 기꺼이 받으며 평화롭게 살아가야 합니다. 부디 이를 잘 명심하여 행복하고 자유로운 삶의 세계로 나아가기를 축원드립니다.

3. 법왕자가 되는 길

산에 가서	도 닦기를	그 누군들	싫어하랴
애욕 속에	결박되어	하지 못할	뿐인 것을
산에 가서	마음 닦지	못한다고	할지라도
스스로의	힘을 따라	착한 행을	닦을 지라

人誰不欲　歸山修道리요마는　인수불욕 귀산수도
而爲不進은　愛欲所纏이니라　이위부진 애욕소전
然而不歸　山藪修心이나　연이불귀 산수수심
隨自身力하야 不捨善行이어다　수자신력 불사선행

능력껏 착한 행을

세상의 복잡한 일들에 시달리다보면 대부분의 사람들은 깊은 산 속이나 한적한 시골로 들어가서 조용히 심신을 수양하며 살고 싶다는 생각을 하게 됩니다. 그러나 부모·처자·재물·명예 등의 세속 일에 걸려서 쉽게 산이나 시골로 들어가지 못합니다.

또한 같이 뜻을 세운 사람들끼리 만날 때마다 '권력이고 직장이고 다 그만 두고 한적한 곳에서 도를 닦으며 살아야겠다'고들 하지만, 그 말대로 실행하는 것을 좀처럼 찾아볼 수 없는 까닭도 세상사의 애착에 사로잡혀 살아가고 있기 때문입니다.

출가는 결코 쉬운 일이 아닙니다. 비록 발심한 사람이라 할지라도, 애정으로 맺은 세상의 갖가지 인연들이 그 발을 묶어 떠나기 어렵게 만듭니다.

그럼 어떻게 해야 하는가? 비록 속가를 떠나 산 속에서 도를 닦지는 못할지라도, 자신의 능력과 형편에 따라 선행을 하고 살면 됩니다. 과연 어떤 선행을 닦을 것인가? 부처님께서는 기본적인 선행을 다음과 같은 열 가지로 말씀하신 바 있습니다.

① 살생하지 아니하고〔不殺生 불살생〕
② 도둑질하지 아니하고〔不偸盜 불투도〕
③ 삿된 음행을 하지 말고〔不邪淫 불사음〕
④ 거짓말을 하지 말고〔不妄語 불망어〕
⑤ 욕을 하지 말고〔不惡口 불악구〕

⑥ 이간하는 말을 하지 말고〔不兩舌 불양설〕
⑦ 아첨하는 말을 하지 며〔不綺語 불기어〕
⑧ 탐욕에 빠져들지 않고〔不貪欲 불탐욕〕
⑨ 성내지 않고〔不瞋恚 불진에〕
⑩ 삿된 생각을 품지 않는다〔不癡心 불치심〕

이것이 열 가지 선행, 곧 십선행十善行입니다. 그리고 이러한 십선행 대신 살생·도둑질·음행·망어·악구·양설·기어를 저지르고 탐욕·진에·치심을 일으키는 것을 십악행十惡行이라고 합니다.

어떤 사람은 "바르게 살고자 하면 이러한 선행이야 능히 지킬 수 있겠지."라고 생각합니다. 그러나 십선행을 실천하기가 생각처럼 쉽지만은 않습니다. 마음을 순화하고, 마음을 수양하는 노력이 없으면 애써 좋은 행을 닦으려 해도 쉽게 이루어지지 않습니다. 왜냐하면 이기심이 끊임없이 발동하기 때문입니다.

그럼 어떻게 해야 하는가? 부처님의 제자라면 하루에 삼십분이라도 늘 경전을 규칙적으로 독경 또는 사경을 하거나, 염불·참선 등을 하게 되면 마음이 저절로 순화되어 선행을 잘 지을 수 있게 됩니다.

수행을 통하여 마음이 차츰 순화되면 몸과 마음이 저

절로 기쁘고 즐겁고 편안하게 되며, 그 편안한 정도가 다른 사람에게까지 영향을 미쳐서 나를 보는 사람들도 편안하고 행복하게 됩니다.

이 세상은 나 혼자만 사는 곳이 아닙니다. 서로가 서로를 의지하며 살아가는 곳입니다. 따라서 나 혼자만의 편안은 있을 수 없습니다. 다른 사람이 내 속에서 편안할 때 나의 마음이 편안할 수 있습니다. 남들이 나를 보고 마음이 편안하지 않다면 아직까지 나는 편안한 사람이 아닌 것입니다.

그래서 옛 스님들은 이렇게 원력을 세웠습니다.

> 내 이름만 들어도 능히 삼악도를 멸하고
> 내 얼굴만 보아도 해탈을 얻어지이다
> **聞我名者滅三道** 문아명자멸삼도
> **見我容者得解脫** 견아용자득해탈

이것은 불자들이 조석으로 읽는 『천수경』 속의 관세음보살님께서 소원하신 것과 조금도 다르지 않습니다.

> 칼산 지옥 제가 가면 칼날 절로 부러지고
> 화탕 지옥 제가 가면 화탕 절로 말라지고

지옥 세계 제가 가면 지옥 모두 없어지고
아귀 세계 제가 가면 아귀 절로 배부르고
수라 세계 제가 가면 악심 절로 착해지고
축생 세계 제가 가면 대지혜를 절로 얻네

이 모두가 내 마음이 그만큼 순화되었음을 뜻하는 것입니다. 이처럼 순화의 경지가 깊어지면 이 세상의 모든 동물들과도 대화가 통하고, 하늘과 땅의 모든 신명神明들과도 마음이 통하게 됩니다. 해인사에 계셨던 활해闊海 스님도 바로 이러한 분이었습니다.

❀

1,700년대의 어느 여름날, 비는 오지 않고 날은 가물어 그 해의 농사를 망칠 지경이었습니다. 걱정이 태산 같았던 경상도 감사는 해인사로 활해스님을 찾아가 특별한 비결이 없는지를 물었습니다. 이에 활해스님은 해인사 용왕상 앞에 이르러 주장자로 용왕의 머리를 탁탁 때리면서 꾸짖었습니다.

"왜 비를 내려주지 않아 백성들을 힘들게 만드느냐?"

그러자 당장 단비가 흠뻑 내려 가뭄을 면할 수 있게 되었습니다. 그런데 그날 밤 경상감사의 꿈에 용왕이 나타나서 크게 나무랐습니다.

"비를 내려 달라는 말을 나에게 직접 할 것이지, 왜 큰스님께 부탁해서 남의 머리에 혹만 나게 만드느냐! 다음에도 큰스님께 고해바치면 혼이 날 줄 알아라."

용왕은 호통을 친 뒤 사라졌다고 합니다.

§

순진무구한 큰스님에게 머리를 얻어맞고도 화 한번 내지 않고 순순히 비를 내린 용왕. 만일 경상감사가 머리를 때렸다면 어떻게 되었겠습니까? 무심도인 활해스님처럼 마음이 순화된 사람, 지극히 순진한 사람은 그 누구도 미워할래야 미워할 수가 없고 화를 낼 수도 없게 됩니다.

그러나 우리는 마음속에 탐욕과 성냄과 어리석음의 탐진치貪瞋癡를 많이도 품고 있습니다. 때문에 마음이 순화되지 못하여 참된 선행을 실행하기가 어렵고, 사랑하고 미워하는 마음을 수도 없이 일으키게 되는 것입니다.

마음의 순화. 이것은 결코 쉬운 일이 아닙니다. 그렇지만 이것이 어렵다고 내팽개칠 일만도 아닙니다. 나의 힘에 따라 형편에 맞게 수행을 해 나가면 마음은 반드시 순화됩니다.

오히려 지금의 처지로서는 어렵다고 하면서 자포자

기할 때, 도는 나에게서 더욱 멀리 달아나 버린다는 것을 잊지 마십시오.

반대로 세속에 살지라도 꾸준히 참선·염불·독경·사경 등의 수행을 하면 마음이 차츰 순화되고, 저절로 선행을 닦게 되는 불사선행不捨善行이 이루어지게 되는 것입니다. 그리고 진정으로 마음이 순화되면 상식 밖의 일들이 얼마든지 나타나게 됩니다.

수십 년 전 경북 예천에 장처사張處士라는 분이 살고 있었습니다. 이 처사는 지팡이를 하나 짚고 다니면서 어디를 가든지 지극하게 '지장보살'을 염했습니다. 어찌나 지극하게 불렀던지, 잠을 자면서도 지장보살을 염하였다고 합니다.

장처사가 죽고 난 뒤 가족들이 제상祭床을 차려놓고 아침저녁으로 상식上食을 올렸는데, 그 제상에 올려놓은 지팡이가 밤만 되면 방광放光을 하는 것이었습니다. 지팡이에서 뿜어 나온 빛이 온 방을 밝혀 불을 켜지 않아도 방이 밝았다고 합니다. 그 뒤 화장을 하면서 지팡이도 함께 태웠는데, 지팡이의 손잡이 부분에서 사리가 나왔습니다.

이 장처사의 불사선행不捨善行은 염불이었고, 끊임없는 염불이 이적異蹟을 남겼습니다.

요즘 보면 우리 불자들 중에 선행을 꾸준히 행하는 이들이 많이 나타나고 있습니다. 세속에 살면서도 집에서 108배를 하거나 참선하고 염불하고 부처님 경전을 항상 읽거나 쓰는 사람이 더욱 늘어나고 있습니다. 이 얼마나 다행한 일입니까!

우리 불자들은 어떠한 겉모습을 취하고 있더라고 선행을 놓지 말아야 합니다. 출가한 비구·비구니, 재가의 우바새·우바이 모두가 불사선행을 해야 합니다. 도는 어느 곳에나 있습니다. 세상에 있다고 하여 도가 달아나지 않습니다.

비록 세속에 있을지라도 마음을 닦아 불사선행을 이루면 몸만 출가하고 마음은 출가하지 못한 사람보다는 훨씬 나은 것입니다. 부디 마음 닦는 일에 게을리 말기를 당부드립니다.

나의 쾌락 잘 버리면 성인처럼 공경 받고
어려운 일 능히 하면 여래처럼 존중 받네
재물 간탐 하는 이는 바로 마귀 권속이요
자비보시 하는 사람 법왕자가 되느니라

自樂能捨하면 信敬如聖이요　자락능사 신경여성
難行能行하면 尊重如佛이라　난행능행 존중여불
慳貪於物은 是魔眷屬이요　간탐어물 시마권속
慈悲布施는 是法王子니라　자비보시 시법왕자

자제력이 중요하다

세상에서 공경 받고 존중 받는 것은 출가를 하고 안 하고에 있지 않습니다. 자기 한 몸의 쾌락을 능히 버릴 줄 아는 사람, 행하기 어려운 것을 능히 행할 줄 아는 사람은 성인과 같이 공경을 받고 부처님과 같은 존경을 받습니다. 참된 도와 다른 사람을 위해 난행고행難行苦行을 할 줄 아는 사람이야말로 세상의 우러름을 받게 되는 것입니다. 이들은 벼랑에 매달려서 살려고 발버둥치는 존재가 아니라, 손을 탁 놓을 줄 아는 사람들입니다.

이 난행고행은 자제의 능력에서 솟아납니다. 자기 스스로를 자제할 수 있는 힘은 정진을 하고 수행을 함으로써 길러집니다.

만일 자기가 자기를 이길 수 있는 힘을 가지면 모든 것을 다 이길 수 있습니다. 뛰어난 도덕의 힘을 갖는 것도 이 자제력 때문이요, 사람들에게 감동을 주는 것도 자제의 능력 때문이며, 모든 사물의 이치에 통달하는 지혜를 갖는 것도 이 자제의 능력을 통하여 만들어집니다.

또한 깊은 자제력으로 모든 것을 진정으로 사랑하고, 시시비비를 놓아버릴 줄 아는 사람은 능히 이길 수 있습니다. 서로 붙잡고 내 것 네 것 하며 잡아당기다가 그냥 놓아버리면, 놓는 사람이 이기게 됩니다.

불자인 우리는 잘 놓아버릴 줄을 알아야 합니다. 실체가 무엇인지도 모르면서 기어코 그것을 차지하겠다고 온갖 애를 쓰며 잡아당겨 봤자 힘만 들 뿐입니다. 실체를 모르는 이상, 그것은 나의 것이 되지 않습니다. 오히려 탁 놓아버리면, 저쪽에서 잡아당기던 자가 뒤로 넘어지면서 내가 이기게 되는 것입니다.

하지만 놓아버린다는 것이 결코 쉬운 일은 아닙니다. '내가 잘 살아야겠다는 생각, 내가 가져야겠다는 생각,

내가 이루어내어야겠다는 생각' 등이 마음 깊은 곳에 잠재되어 있기 때문입니다. 그러므로 무엇보다 먼저 나 혼자 잘 살겠다는 생각부터 놓아버려야 합니다.

우리에게 알려져 있는 열사烈士나 의사義士들은 모두 자기 혼자 잘 살려면 얼마든지 잘 살 수 있는 사람들이지만, 나라와 민족과 정의를 위해 자신의 한 목숨을 기꺼이 버린 사람들입니다. 이들처럼 자기의 즐거움을 기꺼이 버리고 행하기 어려운 것을 능히 행하는 사람들은 매우 많았습니다.

역사상으로 볼 때 가장 대표적인 무리는 바로 삼강대절三綱大節이라 일컬어지는 충신과 효자와 열녀들입니다. 몇 가지 예를 들어 봅시다.

구한말의 민영환閔泳煥 선생은 을사조약이 체결되자, 죽음으로 항거하여 국민을 각성하게 하고자 '이천만 동포에게 보내는 유서'를 남기고 자결하였습니다.

이천만 동포들이여, 학문에 힘쓰라! 우리가 학문에 힘쓰지 아니하고 게으름을 부리다가 4천년 유구한 역사민족이 일본인들에게 침탈당하고 말았으니, 이렇듯 슬프고 치욕적인 일이 어디 있는가! 동포들이 모두 학문에 힘쓰고 나라를 회복한다면 이 몸은 지하에서도 이 나라를 돌아보겠노라….

이러한 유서를 남기고 자신의 목을 찌르고 쓰러져 죽자 붉은 선혈이 대청마루를 낭자하게 적셨는데, 그 자리에서 절개를 상징하는 대나무가 솟아 올라왔다고 합니다. 이와 같은 일 때문에 민영환 선생을 후일 죽장대신竹杖大臣이라 불렀던 것입니다.

옛날에 한 부부가 늙은 아버지를 모시고 살았는데, 아버지가 문둥병에 걸려서 죽을 날만 기다리게 되었습니다. 마침 용한 의원이 한 가지 비방을 일러 주었습니다.

"이 병에는 백약이 소용없고 다만 어린 아이를 고아서 먹어야만 나을 수 있습니다."

이 말을 들은 부부는 크게 상심을 하다가 마침내 중대한 결단을 내렸습니다.

"자식은 또 낳으면 되지만 부모는 한번 돌아가시면 돌이킬 수 없는 일. 아버님을 위해 우리 돌이를 희생시킵시다."

피눈물을 삼키며 결단을 내린 뒤, 두 내외는 가마솥에다 물을 펄펄 끓여놓고 서당에 간 아들 돌이가 돌아오기만을 기다리고 있었습니다. 마침내 돌이가 '엄마' 하면서 대문을 들어서자, 부엌에 있던 엄마는 떨리는 음성으로 아들을 불렀습니다.

"돌아, 여기 와서 감자 먹어라."

부엌에 들어온 아들이 부뚜막에 놓인 감자를 먹기 위해 올라서는 순간, 엄마는 펄펄 끓는 가마솥 뚜껑을 열었고 아버지는 아이를 밀어 넣고 얼른 뚜껑을 닫아버렸습니다.

한참 동안의 시간이 지났습니다. 부부는 가슴이 찢어지는 듯한 슬픔 속에서 '이제는 푹 고아졌을테니 아버님께 드려야지' 하면서 솥뚜껑을 열려고 했습니다. 바로 그 때 '엄마!' 하고 소리치며 삽짝문을 밀어젖히고 아들 돌이가 들어오는 것이었습니다.

'이게 웬 일인가?' 하고 가마솥을 열어 보니 솥 안에는 아들 대신 커다란 동삼童蔘이 들어있었으며, 그 동삼 고은 물을 먹고 아버지의 문둥병은 씻은 듯이 완쾌되었다고 합니다.

이처럼 효심이 지극한 자식에게는 하늘이 도와 불가사의한 기적을 내리는 것입니다.

열녀이야기로는 경상남도 통영 바닷가의 열녀 조씨

이야기가 유명합니다.

통영의 한 바닷가 마을에 의좋은 부부가 살고 있었습니다. 어느 날 배를 타고 고기를 잡으러 간 남편이 풍랑에 휩쓸려 바다에 빠져 죽자, 아내는 지아비의 뒤를 따라 바다 속으로 뛰어들었습니다.

며칠이 지난 뒤 바닷가로 시체가 떠밀려왔는데, 아내가 남편을 꼭 껴안은 채 한 몸이 되어 있는 것이었습니다. 망망대해의 바다 한가운데서 빠져 죽은 남편을 죽은 아내가 부둥켜안고 돌아온 것입니다. 마을 사람들은 그야말로 불가사의한 일이 발생한 것을 보고 감격하여 장사를 성대히 치른 다음 무덤을 만들어 주었습니다.

그런데 얼마 지나지 않아 무덤 주변의 나무에 벌레들이 모여들어 나뭇잎을 갉아먹기 시작했습니다. 그것도 잎을 모두 갉아먹는 것이 아니라 글씨의 형태를 이루며 갉아먹어, 나뭇잎마다 '열녀조씨'를 새겨 놓았습니다.

이에 임금님께 상소를 올렸더니, 나라에서 열녀각을 짓고 비석을 세워 이 아름답고 훌륭한 이야기가 길이 후대의 귀감이 되도록 하였습니다.

§

이러한 삼강대절의 이야기가 후세에까지 길이 남게

된 것은 모두가 남을 위하여 자기를 희생하였기 때문입니다. 자기를 없애고 부모만을 위할 때 진실한 효도라 하고, 자기를 없애고 오직 나라를 위하는 마음만으로 임할 때 진정한 충신이 되는 것입니다.

이들 충신 · 효자 · 열녀도 개인의 즐거움을 버리고 행하기 어려운 일을 행하여 만인으로부터 존경을 받았는데, 하물며 성인이나 부처님이겠습니까.

수행인은 난행고행의 길을 두려워해서는 안 됩니다. 바로 난행고행이 성인을 만드는 길임을 명심하고, 벼랑 끝에서 손을 놓아버리는 난행고행을 기꺼이 받아들여야 합니다. 그렇게만 하면 성인과 부처님의 모습이 눈앞에 나타나게 되는 것입니다.

누가 법왕자인가

원효스님께서는 이어서, "재물을 아끼고 탐하는 이는 바로 마귀의 권속이요, 자비로써 보시하는 이는 법왕자, 곧 부처님의 아들이다."라고 하셨습니다. 바로 그렇습니다. 물욕物欲을 떠난 사람이야말로 다른 사람들에게 감동을 줄 수 있는 사람입니다.

사실 사람들은 물욕에 젖어들고, 욕심이 지나치게 작

용할 때 손해를 보게 됩니다. 욕심만 떠나면 손해를 보지 않는데, 욕심이 커져서 오히려 큰 손해를 보게 되는 것입니다.

더 나아가 돈에 대한 집착, 재물에 대한 탐착에 사무치다 보면 한 걸음씩 한 걸음씩 자신도 모르는 사이에 간탐마귀慳貪魔鬼의 권속이 되어 갑니다. 그리고는 마침내 모든 재산을 날리는 경우가 허다합니다. 그러므로 우리는 간탐마귀의 권속이 되는 탐욕의 길에서 벗어나, 자비심으로 보시를 하는 법왕자가 되어야 합니다.

법왕자가 행하는 보시. 이 보시에는 세 가지가 있습니다.

첫째는 **재시**財施입니다. 물질로써 가난한 사람, 배고픈 사람, 배움이 필요한 사람에게 베풀어주는 것입니다.

둘째는 **법시**法施입니다. 정신적으로 구원을 해주는 것입니다. 이것은 재물보시보다 더 훌륭한 것으로, 재물을 보시하는 것에서 한 단계 더 나아가 재물을 보시할 수 있는 근본정신을 나누어주는 것입니다.

누구든 속알맹이인 정신은 잃어버리고 물질적인 풍요에만 집착한다면, 결과적으로 그 사람은 비참해질 수밖에 없습니다.

요즘 시중에서는 하나에 수십만 원 하는 속옷, 수천

만 원짜리 가구가 잘 팔려나간다고 합니다. 이것이 무엇입니까? 모두가 자기 정신을 팔아먹고 분수를 지키지 않기 때문에 일어나는 현상입니다. 조금이라도 지성을 갖춘 사람이라면 물질적 풍요를 누리면서도 정신을 돌아볼 줄 알아야 합니다. 그러므로 올바른 정신으로 살아갈 수 있도록 도와주는 법보시를 잘 하는 것이야말로 중요하기 그지 없는 불사입니다.

셋째는 **무외시**無畏施입니다. 모든 두려움이 사라지고 평안한 마음을 가질 수 있도록 해 준다는 것입니다.

만약 나를 지켜주는 그 무엇이 있으면 두려울 것이 없게 됩니다. 우리 불자들에게 '언제 어디서나 부처님께서 나를 지켜주고 계신다'는 확실한 믿음만 있으면 그 사람은 두려울 것이 없는 무외의 경계에 들어설 수 있게 됩니다.

이러한 재시 · 법시 · 무외시를 부처님께서는 과거 무량겁동안 무수히 행하셨습니다. 재물뿐만이 아니라 당신의 눈과 머리와 몸, 그리고 처자까지도 보시를 하셨습니다.

도저히 인간의 상식으로는 생각할 수 없는 보시이지만, 부처님께서는 우리가 익히 알고 있는 「보시태자布施太子」이야기에서와 같이, 모든 것을 남김없이 베풀어

보시바라밀을 완성하셨습니다.

보시태자와 같은 거룩한 보시는 십지의 경지에 가까운 득인보살得忍菩薩이나 가능한 것이기는 하지만, 참된 불자라면 힘에 따라 형편 따라 재물과 법을 은혜롭게 베풀 줄 알아야 합니다.

재물과 법을 아끼는 것이 아니라 중생을 아끼고 사랑하는 마음으로 널리널리 은혜를 베풀어, 중생심의 밑바닥에까지 깊이 뿌리를 내리고 있는 간탐심을 보리심으로 바꾸어 놓아야 합니다.

원효스님께서는 "자비로 보시하는 이야말로 법왕자다."라고 하셨습니다. **법왕자**는 진불자眞佛子, 곧 보살菩薩입니다. 보시를 잘 할 수 있는 사람, 가득한 자비심으로 능히 보살행을 실천할 수 있는 사람이 진불자요 법왕자입니다.

우리 모두 자제력을 길러 고행난행을 피하지 말고 아낌없이 베푸는 법왕자가 되어 봅시다. 법왕자가 되면 머지 않아 법왕의 자리를 계승할 수 있습니다. 반드시 법왕이신 부처님의 혜명慧明을 이어받을 수 있습니다. 어찌 간탐심 때문에 명예로운 자리를 팽개칠 것입니까?

부디 깊이 새기고 잘 실천하여 법왕자의 자리에 꼭 오르시기를 두 손 모아 축원드립니다.

4. 신심으로 수행하라

바위 솟은 높은 산은 지혜인의 살 곳이요
깊은 골의 소나무숲 수행인의 거처로다
나무 열매 따먹으며 주린 창자 위로하고
흐르는 물 떠마시며 타는 갈증 식힐지라

高嶽峨巖은 智人所居요 고악아암 지인소거
碧松深谷은 行者所棲라 벽송심곡 행자소서
飢飡木果하야 慰其飢腸하고 기손목과 위기기장
渴飲流水하야 息其渴情이니라 갈음유수 식기갈정

수행인이 머물 곳

원효스님께서는 '바위 솟은 높은 산〔高嶽峨巖〕'과 '깊은 골의 소나무 숲〔碧松深谷〕'을 지혜롭고 수행하는 이의 거처라고 하였습니다.

높은 산에 올라가면 가슴이 탁 트이고 호연지기浩然之氣를 느끼게 되고, 그곳에서 아래를 내려다보면 태연자약한 생각이 우러나게 됩니다. 예부터 지혜롭고 견문이 깊은 사람들이 높고 한적한 곳에서 살기를 좋아한 까닭이 바로 여기에 있습니다.

또한 푸른 솔이 가득한 깊은 골짜기는 소요자적逍遙自適하는 곳입니다. 솔바람 소리가 들리고 칡덩굴 속으로 비춰오는 그러한 곳에, 아늑하니 들어앉아서 도를 닦는 것이야말로 수행자가 누릴 수 있는 즐거움이라 하지 않을 수 없습니다.

그럼 도를 잘 닦기 위해서는 왜 높은 산 깊은 골에서 살아야 하는가?

만일 도를 닦는 수도승들이 속세에서 세상 사람들이 하는 것처럼 비단옷을 입고 반지를 끼고 호화스럽게 산다고 생각해 보십시오. 별의별 유혹이 많을 것이고, 재산도 필요하게 될 것이며, 온갖 번뇌망상에 시달리게 될 것입니다.

수도하는 사람이 산 속으로 들어가는 것도 바로 이와 같은 이유 때문입니다. 세속의 도심에서 잘 먹고 잘 입고 편안하게 오욕락五欲樂을 즐기면서 도를 닦기란 거의 불가능합니다. 먹고 싶은 것 덜 먹고, 갖고 싶은 것 안

갖고, 하고 싶은 것 안 하면서 수도에 전념해야 도인이 되는 것이지, 편안하게 집에 기거하며 도를 이루는 것은 참으로 쉽지 않습니다.

생각을 해 보십시오. 오욕락에 파묻혀서 도를 닦는 것이 가능하다면 부처님께서 왜 출가를 하셨겠습니까? 왕궁에서 편안하게 삼천궁녀를 거느리고도 성불할 수 있었다면 결코 출가를 하지 않았을 것입니다.

부처님은 성불을 위해 세속을 박차고 나갔습니다. 선禪을 닦기 위해 산으로 갔습니다. 도道를 닦기 위해 돈을 버렸습니다. 법法을 배우기 위해 밥을 버린 것입니다. 선과 산, 도와 돈, 법과 밥….

물론 산중생활이 편한 것은 아닙니다. 원효스님의 말씀처럼 '나무열매 따먹으며 주린 창자 위로하고 흐르는 물 떠 마시며 타는 갈증 식혀야' 할 때도 있습니다. 깊은 산 속에 들어왔으니 어찌 풍족하겠습니까?

다행히 요즘에는 교통이 발달하여 산중 암자에서도 식량 걱정을 하지 않지만, 적어도 30~40년 전만 하여도 절 살림은 말이 아니었습니다. 모든 것이 부족했습니다. 인적이 드문 산 속에서 도를 닦는 스님네들은 하나같이 도토리를 주워 먹고 과일을 따먹으면서 주린 창자를 위로했습니다.

스님들뿐만이 아닙니다. 옛날 서울에서 벼슬하던 선비들 중에 벼슬을 버리고 야인野人이 되어 산을 찾는 이들도 적지 않았습니다. 요즈음에는 도시에 살다가 시골로 들어가서 전원생활을 하는 이들이 점점 많아지고 있습니다.

만약 그들이 세속적인 욕심과 애착을 놓아버리고 한적하고 평화로운 자연에 묻혀 즐겁게 살아간다면, 그가 바로 도를 닦는 이가 아니고 무엇이겠습니까? 이런 분들에게는 도가 저절로 찾아들고 도가 저절로 익기 마련입니다.

진정 도를 추구하고 깊은 선정에 들기를 원하는 이라면 높은 산 깊은 골짜기나 한적한 시골로 찾아가야 합니다. 왜냐하면 그곳의 생활 자체가 도道요 선이기 때문입니다.

원효스님의 말씀처럼 나무열매 풀뿌리만 먹고 살면 어떻습니까? 갈증을 식혀주는 맑은 물이 있으니 족하지 않습니까? 참으로 발심하여 도 닦기를 원하는 이라면 적어도 3년은 인적이 드문 산골에서 용맹정진하여 도인 같은 삶을 살아보는 것도 좋을 것입니다.

좋은 음식 늘 먹어도 몸은 끝내 무너지고
비단으로 감싸줘도 이내 목숨 마치리니
잘 울리는 바위굴로 염불하는 법당 삼고
슬피우는 새소리로 마음 벗을 삼을지라

喫甘愛養하야도 此身定壞요   끽감애양 차신정괴
着柔守護하야도 命必有終이니   착유수호 명필유종
助響巖穴로 爲念佛堂하고   조향암열 위염불당
哀鳴鴨鳥로 爲歡心友니라   애명압조 위환심우

정신력으로 무장하라

이 몸뚱이. 우리가 애지중지하는 이 몸뚱이는 아무리 잘 먹이고 아껴주어도 결단코 무너지고 맙니다. 부드럽고 훌륭한 능라비단과 금은보석으로 감싸고 보호한다 하여도, 사람의 목숨은 반드시 마치게 되어 있습니다.

그런데도 사람들은 제 몸 가꾸기에 정신이 없으며, 몸에 좋다고 하면 뱀탕과 철새는 물론이요, 탯줄이나 부화되지 못한 병아리까지 먹습니다. 그리고 사람들은 몸이 조금이라도 이상하거나 부족하게 먹었다 싶으면 그만 거기에 매달려서 걱정을 시작합니다.

'아무래도 내가 제대로 못 먹고 있지. 어지럽고 기운도 없으니 무엇을 먹어서 몸보신을 할까?'

그야말로 자기 몸을 위해 이 궁리 저 궁리 별 궁리를 다합니다. 그러나 실제로는 영양부족으로 죽는 것이 아니라, '내가 제대로 못 먹어서' 하는 그 생각 때문에 죽는 것입니다. 그런 생각이 없으면 절대로 영양부족으로 죽지는 않습니다.

이를테면 정신이상자들은 일주일, 열흘씩 안 먹고 안 자도 끄떡없습니다. 기운도 남 보다 몇 배나 셉니다. 왜 그럴까요? 그것은 '내가 먹었다 안 먹었다, 잤다 안 잤다'는 생각이 아예 없기 때문입니다.

거지들도 마찬가지입니다. 거지들은 남이 먹다 남은 비위생적인 음식찌꺼기를 먹고 살아도 쉬 배탈이 나는 일도 없고 위장병에 걸리는 일도 없습니다. 그저 배만 채우면 모든 오장육부가 저절로 왕성하고 건강하게 돌아갑니다. 그 추운 겨울에 바깥에서 거적때기 하나 깔고 자도 얼어 죽기는커녕 감기도 안 걸립니다.

이에 비해 우리는 어떠합니까?

'잘 먹어야 할텐데.'

'쓰러지기 전에 보약을 좀 먹어야지.'

'이렇게 더러운 것을 먹으면 큰일이 나지.'

나약함 속에서 일으키는 그와 같은 생각들이 결국은 그렇게 되게끔 만드는 것입니다. 분별심만 없으면 아무 일 없을 것을, 생각의 지배를 받는 존재가 인간이기에 한 생각 때문에 병에 걸리게 되는 것입니다.

인간의 정신력이란 결코 나약한 것이 아닙니다. 오히려 무서울 정도로 강합니다. 그러므로 우리는 육체의 노예가 되지 말아야 합니다. 정신은 육체의 노예가 아닙니다. 정신은 육체의 주인입니다. 정신을 가다듬고 굳건히 하여 신심과 원력을 지극히 가지면, 비록 이 몸뚱이가 다소 부실하다 할지라도 아무런 문제가 생겨나지 않습니다.

원효스님의 말씀처럼 '**아무리 맛있는 것을 먹여 주고 아무리 잘 입혀 줘도 이 몸은 결단코 무너지는 것**'이요, 모든 괴로움은 이 몸으로부터 시작됩니다. 이 몸이 괴로움의 근본이 되는 것입니다.

진정 생존 속에서 괴로움을 벗어버리고 싶으면 육체의 노예가 되지 마십시오. 육체의 노예가 될 때 괴롭고 두려운 일들이 함께 일어납니다.

그러므로 모든 괴로움의 근본이 되는 이 육체에 대한 애착을 끊어버리고 도를 닦고자 해야 합니다.

원효스님은 "메아리 잘 울리는 바위굴로 염불당을 삼

고 슬피 우는 기러기로 마음의 벗을 삼아라."하셨습니다.

　벽에 부딪힌 염불소리가 메아리쳐 화답하는 바위굴은 더없이 좋은 자연의 법당法堂이 되며, 높은 하늘을 울며 나르는 기러기떼를 보면 마음이 한없이 평화롭고 기뻐지기 때문입니다. 그러다 보면 천지 삼라만상 모든 것이 기쁘고 즐거운 가운데 신심信心이 저절로 생겨납니다.

　신심은 바로 환희심이며, 환희심이 생기면 신심은 더욱 확고해집니다. 또 환희심이 생겨나면 괴로움은 있을 수가 없고 언제든지 기쁘고 즐겁고 편안해집니다. 이러한 경지가 바로 신심 있는 수행자의 삶이 아니고 무엇이겠습니까?

　나는 오랫동안 간경화를 앓았는데, 만약 마을에 살면서 엄살 부렸으면 벌써 10년 전에 죽었을 것입니다. 지금도 누워서 이렇게 만져보면 간경화가 된 자리가 울퉁불퉁한 게 딱딱하고 안 좋은 것은 사실입니다.

　기계가 좀 나빠졌으면 그만큼 살살 조심해서 운전하면 됩니다. 자기 몸에 맞추어서 일심지성一心至誠으로 정신을 가다듬으면 이까짓 몸뚱이 하나 끌고 다니는 것은 얼마든지 가능합니다.

　그 무엇보다 일심지성으로 정신을 가다듬는 것이 중

요합니다. 그렇다면 어떠한 수행을 통하여 일심지성을 이루는가?

　불법을 수행하는 길을 '백천삼매돈훈수百千三昧頓勳修'라고 하여 백 천 가지 삼매법문이 있다고 하였지만, 그 가운데 제일 큰 길을 네 가지로 말할 수 있습니다.

　이를 문으로 표현하면 선정에 들어 도를 깨닫는 참선문參禪門, 염불하여 극락 가는 염불왕생문念佛往生門, 경전공부를 하는 간경문看經門, 진언이나 다라니를 외우는 주력문呪力門이 있으며, 이 문을 통과해야만 법왕法王이 계신 열반의 궁궐로 들어갈 수 있는 것입니다.

　동서남북 4대문 중 어느 문을 통과하여도 도성 안으로 들어갈 수 있듯이, 이 네 가지 수행법 중 한 가지를 택하여 부지런히 수행하면 부처님이 계신 보궁에 도착할 수 있습니다.

　이제 이들 네 가지 수행 중 원효스님이 말씀하신 염불에 대해 조금 더 자세히 살펴봅시다.

　예로부터 전래되는 **염불법**은 수없이 많습니다. 입으로만 부처님의 명호를 부르는 칭명염불稱名念佛이 있는가 하면, 고요히 앉아 부처님의 형상을 관觀하는 관상염불觀相念佛도 있고, 일체 만유의 진실한 자성인 법신法身을 관하는 실상염불實相念佛도 있습니다.

이 중 일반적으로 널리 행하는 염불법은 **칭명염불**입니다. 칭명염불을 할 때는 불보살님을 생각하며 천천히 크게 부르는 경우도 있고, 빨리 작은 소리로 부르는 경우는 있습니다. 만약 많은 대중이 함께 염불을 할 때는 천천히 크게 부르는 것이 좋고, 가정에서나 주위 사람을 의식해야 될 때는 작은 소리로 빠르게 부르는 것이 좋습니다.

나는 개개인에게 권할 때는 작은 소리로 빨리 간절하게 염불하라고 일러주는데, 그 **염불의 요령**은 다음과 같습니다.

염불을 시작하기 전에 심호흡을 세 번 또는 일곱 번 행합니다. 그리고 아랫배까지 숨을 크게 들이킨 다음, '나무아미타불 나무아미타불 나무아미타불' 또는 '관세음보살 관세음보살 관세음보살' 하면서 내가 정한 불보살님의 명호를 천천히 부르기 시작하되, 서너 번 지나면서부터는 점점 빨리 부르기 시작합니다.

그래서 마침내는 한 번 한 번 부르는 '아미타불' 또는 '관세음보살' 명호의 앞뒤가 간격이 없을 만큼 빠르게 불러야 합니다. 염불하는 사람은 '아미타불'이나 '관세음보살'인 줄 알지만, 옆의 사람은 무슨 소리인지 알아듣지 못할 정도로 빨리! 그리고 입만 달삭달삭거릴 뿐

소리가 거의 밖으로 새어나오지 않게 불러도 좋습니다.
　오직 들숨 때에도 날숨 때에도 '아미타불' 또는 '관세음보살'을 끊임없이 이어서 불러야 하며, 숨은 아랫배까지 깊이 들어갔다가 나왔다가 해야 합니다. 이렇게 하면 단 1초도 불보살님을 찾는 소리가 끊이지 않게 되는 것입니다.
　또한 특별히 다급한 소원이 없는 이라면 마음 가득히 '아미타불'이나 '관세음보살'을 담아야 합니다. 곧 불보살님을 생각하라는 것입니다.
　물론 염불 도중에 아미타불이나 관세음보살이 아닌 딴 생각도 당연히 일어날 것입니다. 바로 그때 일어나는 잡된 생각에 끌려가지도 말고 잡생각들을 애써 물리치려고 하지도 말아야 합니다. 오직 다시 '아미타불'이나 '관세음보살'을 생각하면서 그 자비 속에 귀의하면 됩니다.
　그리고 이러한 염불을 한숨에 108번 이상을 염할 수 있게 된다면 그는 이미 염불로 인한 염력念力이 생긴 자라고 할 수 있습니다. 그에게 있어 염불삼매는 그리 먼 훗날의 일이 아닙니다.
　스스로의 마음을 다잡아 염불수행을 하고 정진을 한다면, 도는 저절로 깊어지게 됩니다.

무릎 시려　에어져도　불 그리워　하지 말고
주린 창자　끊어져도　음식 생각　말지어다
백년 세월　잠깐인데　어찌 아니　배울거며
일평생이　얼마건데　닦지 않고　방일하랴

拜膝如氷이라며　無戀火心하며　배슬여빙 무련화심
餓腸如切이라도　無求食念하라　아장여절 무구식염
忽至百年이어늘　云何不學이며　홀지백년 운하부학
一生幾何건대　不修放逸고　일생기하 부수방일

용맹정진

원효스님은 이어서, "절하는 무릎이 얼음처럼 시려도 불 그리워하지 말고 주린 창자가 끊어져도 음식 생각 말지어다." 하셨습니다.

그러나 이것은 얼어 죽든지, 굶어 죽으라는 말씀이 아닙니다. 밥 생각, 불 생각이 전혀 일어나지 않을 정도로 용맹정진하라는 것입니다.

실제로 열심히 지성껏 절을 하고 정성을 다해 염불을 하다보면 일체를 망각하게 됩니다. 자기도 모르게 신심信心이 차서 내가 지금 절을 하고 있다는 그 생각까지도 망각해 버리게 되고, 지금이 낮인지 밤인지도 모르게 되는 것입니다.

무릎이 시리다는 생각, 배가 고프다는 생각은 억지로 없애려고 해서 없어지는 것이 아닙니다. 일념삼매一念三昧에 빠지다 보면 저절로 그러한 생각들이 없어져 버립니다.

결코 굶어가면서, 동상에 걸려가면서 염불하고 기도하라는 것이 아닙니다. 그렇게 일심삼매의 경지에서 기도하고 공부를 하라는 것일 뿐입니다.

❀

1960년대 초까지 가야산 해인사에는 대강사요 법사인 장보해張寶海 스님이 계셨습니다.

스님은 어린 시절 출가하여 해인사 백련암에서 노스님을 시봉하며 살았는데, 15세가량이 되자 배가 불룩해지기 시작했고, 마침내 위궤양으로 시달리게 되었습니다. 밥을 잘 먹지 못하다 보니 기운이 크게 떨어졌고 자주 드러눕게 되었으며, 수행은커녕 시봉도 제대로 하지 못하게 되었습니다. 노스님은 이러한 모습을 한참 동안 지켜보다가 보해스님을 불렀습니다.

"이놈아! 세상 사람들에게는 쌀이 양식이지만, 중에게는 신심이 양식이다. 중이 아픈 것은 신심이라는 양식이 모자라기 때문이야. 그렇게 신심 없이 빌빌거리며 살 바에는 마을로 내려가거라."

노스님은 주장자로 때리면서 보해스님을 내쫓았습니다. 그런데 당시의 스님네는 요즘 승려들과 달랐습니다. 일단 절에서 쫓겨나면 죽은 것이나 다를 바 없다고 여겼습니다.

보해스님은 멀리 가지 못하고 백련암 조금 아래쪽의 가운데가 푹 파인 동구나무 속에 들어가 가마니를 덮고 누워 생각했습니다.

'노스님께서 어찌 그릇된 말씀을 하셨으랴. 나의 병은 신심이 부족한 데서 온 것이 분명하리라. 지금부터라도 신심을 기르자. 스님께서는 위급하고 어려운 일에 다다랐을 때 관세음보살을 부르면 해탈을 얻게 된다고 하셨다. 열심히 관세음보살을 부르면 신심도 생겨나고 나의 병도 낫겠지.'

스님은 열심히 관세음보살을 불렀습니다. 낮이고 밤이고 관세음보살만 찾았습니다. 그러다가 잠이 들면 자고, 참을 수 없을 정도로 허기가 지면 노스님의 눈을 피하여 백련암 부엌으로 가서 음식을 찾아 먹었습니다. 그리고는 시간 가는 줄도 모른 채 관세음보살을 부르고 또 불렀습니다.

약 7일이 지났을 무렵, 스님은 관세음보살을 부르다가 깜박 잠이 들었습니다. 그런데 자신이 말로만 들었지 한 번도 가보지 못했던 영천 은해사(銀海寺)에 가 있는 것이었습니다.

스님은 절구경을 하다가 법당 앞의 배례석(拜禮石)에 이르러 부처님께 절을 올렸습니다. 바로 그 순간, 법당 안에서 소리가 울려 나왔습니다.

"왔느냐?"

그리고는 법당 안으로부터 흰 가운을 걸치고 청진기를 건 스님, 주사기를 든 스님, 왕진가방을 든 스님들이 여러 명 나왔고, 그중 가장 나이가 많은 스님이 말했습니다.

"여기, 이 침대 위에 누워라. 먼 길을 왔으니 수술을 해주어야지."

그 의사 스님은 배를 만져 보더니 부엌칼처럼 생긴 칼을 꺼내어 배를 쫙 가르는 것이었습니다. 순식간에 창자들이 나오자 칼로 창자를 잘라내어 큰 시루에 옮겨 담았습니다.

옆에 있던 뚱뚱한 간호사는 시루를 이고 계곡으로 가서 콸콸 흐르는 물에 창자를 넣어 씻기 시작했습니다. 그러자 창자 속에서 돌도 나오고 모래도 나오고 가시도 나오는 것이었습니다. 간호사는 창자를 모두 씻은 다음 비틀어 짜더니, 깨끗이 닦은 시루에 담아 가지고 와서 배에 집어넣었습니다. 그리고는 의사스님이 바늘로 이불을 꿰매듯이 배를 꿰매 주더니 소리쳤습니다.

"이제 됐다. 일어나거라!"

보해스님은 깨어났고 깨고 보니 꿈이었지만, 그토록 불렀던 배는 푹 꺼져있었고, 이곳저곳을 만져 보아도 아픈 곳이 없었습니다. 날이 새자 보해스님은 백련암으로 올라가 노스님 앞에 꿇어앉았습니다.

"스님, 배가 아프지 않습니다. 거두어 주십시오."

"이제 신심이 조금 생긴 것 같구나. 앞으로 열심히 공부해라."

༄

이와 같이 염불기도를 하는 이라면 시간 가는 줄 모르는 고비를 한번은 넘겨야 성취에 가까이 다가서게 되고, 참선을 하는 이라면 밥 먹는 것도 잠자는 것도 잊는 경지에 들어서야 득력得力을 하게 됩니다. 그러한 삼매 없이, '내가 염불을 했으니까 설마 부처님의 영검이 있겠지' 하는 것은 요행수를 바라는 것에 불과합니다. 지극한 신심으로 일체를 망각했을 때, 추운 것도 배고픈 것도 다 망각했을 때 도심道心이 발하게 되고 성취가 있게 되는 것입니다.

바로 이것이 기아발도심飢餓發道心이요, 그 반대되는 말은 포난생음심飽暖生淫心입니다. 따뜻하고 배부르면 음심淫心 밖에 나지 않는다는 것입니다. 공부를 하다가 한번 게으른 생각에 빠지게 되면 긴장이 풀어져서 아무것도 되지 않습니다. 공부에 방해가 되는 번뇌망상은 모두가 오욕락五欲樂에서 비롯되는 것이므로, 도를 닦는 이들은 어떻게 해서든 조금 더 편안해보려는 마음, 재물을 많이 가지고 권세를 누리려는 마음, 명예에 연연하는 마음을 벗어버려야 합니다.

물론 이러한 오욕락에 대한 애착과 번뇌망상을 끊기는 결코 쉽지가 않습니다. 나를 찾아오는 신도들 중에도 '남편이 어찌나 속을 썩히는지 일주일이나 열흘쯤 부처님께 기도 드리면서 있겠다'고 말해 놓고는 이틀도 못되어 집 걱정이 된다며 돌아가는 이들이 참으로 많습니다.

이처럼 사람들은 이런 걱정 저런 걱정으로 골머리를 썩히며 살아갑니다. 항상 번뇌망상이 끊이지를 않는 것입니다. 그렇다고 번뇌망상만 하고 살 것입니까? 다시 한 번 생각해 보십시오.

인간의 한평생은 너무나 짧은 것입니다. 잠깐 사이에

백년이라는 세월이 지나가 버립니다. 죽고 난 뒤 가지고 갈 것도 아닌 물질과, 데리고 가지도 못할 사람 때문에 한평생 고민할 것이 무엇입니까? 이 자리에서 한마음을 돌이켜 보십시오. 어찌 마음 닦는 공부를 하지 않고 한가히 놀 수 있겠습니까?

부디 "백년세월 잠깐인데 어찌 아니 배울거며, 일평생이 얼마건데 닦지 않고 방일하랴." 하신 원효스님의 말씀을 새기고 또 되새겨서, 염불·참선·경전공부·다라니수행·기도 등에 집중하여 번뇌망상을 놓아버리고 마음 닦는 공부를 잘 해 보십시오.

어느 경지에 이르러 턱하니 세상을 보면 지혜의 눈 덕분에 있는 그대로를 볼 수 있게 되고, 모든 중생에 대해 깊은 자비심이 샘솟게 됩니다. 그리고 먹을 것 안 먹고 가질 것 안 가지고 할 것 안 하였으니 복 또한 가득 쌓여 있기 마련입니다.

이렇게 복과 지혜와 자비가 함께 하고 있으니, 어찌 기쁘고 즐겁지 않을 수가 있겠습니까?

부디 세속적인 욕심에 끄달리지 말고 형편 따라 능력 따라 잘 닦아, 향상하고 또 향상하기를 두 손 모아 축원드립니다.

5. 출가사문의 참모습

심중 애착 떠난 이를 사문이라 이름하고
세속 일에 연연 않음 출가라고 하는도다
비단 옷을 걸친 행자 상피를 쓴 개와 같고
도인 연정 품는 것은 쥐 집에 든 고슴도치

離心中愛는 是名沙門이요 이심중애 시명사문
不戀世俗은 是名出家라 불연세속 시명출가
行者羅網하야 狗被象皮하고 행자라망 구피상피
道人戀懷하야 蝟入鼠宮이니라 도인연회 위입서궁

애착을 벗어버려라

　이번 게송의 중심 내용은 속인이 아닌, '출가사문의 참모습'입니다.

　원효스님은 심중애착心中愛着, 곧 "마음 가운데의 애착

을 떠난 이를 사문이라 이름한다."고 하셨습니다. 출가 수행승을 뜻하는 사문沙門은 달리 근식勤息이라고도 합니다. '부지런히 선정과 지혜를 닦아 모든 번뇌를 쉬는 이〔勤修定慧 息諸煩惱 근수정혜 식제번뇌〕'를 사문이라 하는 것입니다.

또 원효스님은 "세속일에 연연하지 않는 것을 출가라 한다."고 하셨습니다. '연연한다'는 것은 그냥 생각하는 것이 아니라 애착을 가지고 그리워하는 것을 말합니다. 매일 그 생각이 머릿속에서 떠나지 않고 있는 것입니다.

〈갑돌이와 갑순이〉라는 노래에, "갑돌이도 화가 나서 장가를 갔더래요… 그러나 갑돌이 마음은 갑순이 뿐이래요."라는 가사가 있습니다.

이것이 바로 연연하는 것입니다. 장가가고 시집갔으면 서로 생각을 안해야 되는 것인데, 다른 데 장가를 간 다음에도 갑순이 생각을 하는 것은 그 누구에게도 도움이 되지 않습니다. 그런데도 마음으로 애틋하게 생각하는 것을 연연한다고 합니다.

출가사문은 **'진정한 출가'**를 해야 합니다.

흔히 '출가'라고 하면 집을 떠나 머리를 깎고 승려가 되는 것을 연상하지만, 진정한 출가는 헛되고 부질없는 생각과 말과 행동을 떠나, 진리를 생각하고 진리에 계합하는 말과 행동을 하는 것을 가리킵니다. 단순히 집만 벗어나는 출가, 머리를 깎고 승복만 걸치는 출가는 참다운 출가가 될 수 없습니다. 겉으로만의 출가가 아니라 속마음까지 출가를 해야합니다.

하물며 출가승려가 비단옷을 걸치기를 좋아하고 세속을 그리워해서야 되겠습니까? 이 때문에 원효스님은 "수행인이 비단옷을 걸치는 것은 개가 상피, 곧 코끼리 가죽을 쓴 것과 같다〔行者羅網 狗被象皮〕."고 하신 것입니다.

그런데 예부터 절에서는 '라망羅網'이라는 말을 두 가지 뜻으로 풀이하고 있습니다.

첫 번째 뜻은 '羅'를 '비단 라' 자로 해석하여, '수행하는 자가 비단옷을 입는 것은 개가 코끼리 가죽을 덮어쓰는 것과 같다'고 보는 것입니다.

이솝우화를 보면, 사자가죽을 덮어쓰고 다니는 개 이야기가 있습니다. 다른 모든 짐승들은 그 개가 정말 사자인줄 알고 벌벌 떨었습니다. 어느 날 개는 으르릉 하고 울부짖었는데, 그 소리는 사자후가 아니라 개가 짖는 소리였습니다. 마침내 들통이 난 개는 다른 동물들로부터 호된 질책을 받고 따돌림을 당하였습니다.

이처럼 수행자라면 수행하는 이의 분수에 맞는 옷을 입어야 합니다. 울긋불긋하거나 호화찬란한 비단옷을 입고 허세를 부리는 것 자체가 '수행'이라는 이름에 어울리지 않습니다. 어느 정도로 어울리지 않는 것인가? 마치 개가 동물 중에서 가장 몸집이 큰 코끼리의 가죽을 덮어쓴 것처럼 어울리지 않는다는 것입니다.

또 하나의 해석은 '羅'를 '그물칠 라', '벌릴 라'로 보는 것입니다. 그물은 그물인데 무슨 그물인가? 애욕의 그물에 걸린다는 말입니다. 그러니 '행자가 애욕의 망에 걸리는 것은 개가 코끼리의 가죽을 덮어쓰는 것과 같다'는 뜻이 됩니다. 이 때문에 '라羅'자 대신 '이羅'를 써서 '이망(羅網:그물에 걸림)'이라고 하는 이들도 많이 있습니다.

앞의 해석은 수행자가 허세를 부리는 것이 개가 코끼리 가죽을 덮어쓴 것처럼 어울리지 않음을 밝힌 것이요, 뒤의 해석은 수행자가 애욕의 그물에 걸리면 자기보다 수십 배나 큰 코끼리 가죽을 덮어쓴 개처럼 이리 걸리고 저리 걸려서 주체를 못하게 됨을 밝힌 것입니다. 이 두 가지 해석은 다 가능합니다. 이제 이 구절과 관련된 보우스님 이야기를 함께 살펴봅시다.

조선 중기의 고승 허응당虛應堂 보우普雨스님은 금강산에서 내려와 백담사에 잠시 머물렀는데, 문정왕후文定王后의 부름을 받고 서울 봉은사로 옮겨와서 정치고문 역할을 하였습니다. 당시 임금인 명종明宗은 13살의 어린 나이였으므로 어머니인 문정왕후가 수렴청정垂簾聽政을 하고 있었습니다. 시간이 지날수록 문정왕후는 보우스님을 더욱 신임하게 되었고, 마침내 보우스님의 말이 왕의 명령처럼 되기에 이르렀습니다. 출세를 원하는 사람은 모두 보우스님을 찾았기 때문에 봉은사는 문전성시를 이루었다고 합니다.

어느 날 문정왕후는 보우스님에게 비단으로 만든 가사를 내렸고, 보우스님은 입궐할 때마다 그 비단 가사장삼을 입고서 사인교四人轎를 타고 다녔습니다. 그러던 어느 날 금강산에서 보우스님을 키웠던 노스님이 내려오셨습니다.

'우리 보우가 어떻게 사는가? 중노릇은 잘 하고 있겠지?'

이렇게 생각하며 수천리 길을 걸어 봉은사에 이르렀는데, 마침 보우스님이 입궐하는 행렬을 보게 된 것입니다. 연화관을 쓰고 비단 가사장삼을 입은 보우스님은 가마 위에 앉아 있고, 가마꾼들은 "휘, 물렀거라. 보우대사님 행차시다."하면서 요란하게 출행하는 중이었습니다.

누더기옷에 송낙(소나무겨우살이로 만든 모자)을 쓴 거지 행색의 노스님은 뒷전으로 밀려 제자 보우를 만나볼 수조차 없었습니다. 노스님은 발길을 돌리며 혼자 말했습니다.

"구피마피狗皮馬皮로다!"

개가 말껍데기를 썼다는 말입니다. 그런데 노스님의 말씀대로 후일 보우스님이 정말로 말이 되어버렸다는 야화가 전해지고 있습니다.

권세를 누리던 보우스님은 문정왕후가 세상을 떠나자 반대파들로부터 축출을 당해 제주도로 귀양을 가게 되었고, 얼마 지나지 않아 귀양지의 감옥에서 죽임을 당했습니다. 그로부터 얼마 뒤, 제주도에 어승마御乘馬가 한 마리 태어났는데, 보통 말과는 비교도 할 수 없는 뛰어난 준마駿馬였으므로 제주 목사가 임금님께 진상했습니다.

임금은 매우 기뻐하여 말에게 '호남장부好男丈夫'라는 이름을 지어주고 온갖 치장을 다하여 타고 다녔습니다. 그런데 이 말이 어찌나 영리한지 간신들이 근처에 오면 발길로 차거나 물려고 했다는 것입니다. 충신인지 간신인지는 말 근처에 가 보면 저절로 밝혀지므로, 뒤가 켕기는 자들은 이 말 곁에 얼씬도 하지 않았다고 합니다.

§

절집안에서는 이 어승마가 보우스님의 후신이라고들 합니다. 여러 가지 점으로 보아 결코 틀린 후생담이 아닐 것입니다. 노스님의 말씀대로 구피마피하면 어승마가 됩니다. 보우스님이 큰 인물임에는 틀림이 없었지만, 권력을 쥔 사람이 저지르기 쉬운 죄업을 자신도 모르게 지었을 것이고, 그 과보와 전생에 대한 미련 때문에 어승마로 태어난 것인지도 모릅니다.

이어서 원효스님은 "도 닦는 이가 세속을 그리워하는 것은 고슴도치가 쥐구멍에 들어가는 것과 같다〔道人戀懷 蝟入鼠宮〕."라고 하셨습니다.

여기서 연회戀懷라 함은 분별심을 의미합니다. 생각 회懷자, 품을 연戀자. 연회는 수행하는 사람에게 어울리지 않는 딴 생각을 품는 것을 의미합니다.

수행인이 편안한 것을 생각하고 재물을 생각하고 권세와 명예에 연연하는 것은 고슴도치가 쥐구멍에 들어가는 것과 같습니다. 고슴도치는 온몸에 가시가 있어서 쥐구멍에 들어갈 때는 쉽게 들어가지만, 빠져 나오려면 가시가 걸려서 나오지 못하게 됩니다. 한번 빠져들기 시작하면 점점 깊이 빠져들어 다시 나오기가 힘들다는 것입니다.

세속적인 일만이 아닙니다. 도를 닦는 이가 절 살림살이를 맡아 빠져들기 시작하면 거기에서 빠져나오기가 쉽지 않습니다. 뿐만이 아니라 중노릇 중에는 괜찮은 것이라고 하는 강사講師 노릇도 오래하면 강사에서 빠져나오기 어렵고, 율사律師 노릇도 오래하면 율사에서 빠져나오기가 어렵습니다. 경전을 가르치는 강사, 계율을 일러주는 율사 대접을 받으며 더 이상의 공부를 하지 않으려 합니다.

그러나 도 닦는 이의 근본은 어떻게 해서든 마음을 닦아서 번뇌망상을 떠나는 것뿐입니다. 오직 마음을 갈고 닦는 것만이 출가승려의 할 일입니다.

그렇지 않고 명리名利, 곧 이름나고 남들에게서 훌륭하다는 소리를 듣는데 연연해하거나 거기에 따른 이익을 생각하면 이미 틀린 것입니다.

탄허呑虛스님은 이 '연회'를 '객회客懷'라고 표현하였습니다. 딴 생각을 한다는 말입니다. 중이 중다운 생각을 하지 아니하고 객된 생각을 하거나, 도 바깥의 이야기를 하고 분별심을 일으키는 것은 쥐구멍에 든 고슴도치와 다를 바가 없습니다.

신분에 맞지 않는 옷차림, 중의 본분에 어울리지 않는 생각들은 수도를 그르칠 뿐입니다. 모름지기 중은 중답게 살아야 합니다. 머리를 깎는 근본정신에 맞추어서 사치스럽고 호화로운 것을 다 헐어버려야 하고, 먹물빛 승복에 맞는 마음씨를 갖추어야 하는 것입니다.

세상이 무상無常함을 깨닫고 무상대도심無上大道心을 일으켜 출가한 사문답게 살아가기를 거듭거듭 당부드립니다.

비록 재지	있더라도	도시에서	사는 이는
일체 모든	부처님이	슬피 여겨	근심하고
설령 도행	없더라도	산중에서	사는 이는
많고 많은	성현들이	기뻐하고	사랑하네

雖有才智하야 居邑家者　수유재지 거읍가자
諸佛是人하야 生悲憂心　제불시인 생비우심
設無道行하야 住山室者　설무도행 주산실자
衆聖是人하야 生歡喜心　중성시인 생환희심

도가 익을 때까지는 산중에서

세속에서는 생사법이 통용되지만 산중의 절집안에서는 수도법을 따릅니다.

세속의 생사법은 얽어묶이는 계박법繫縛法입니다. 돈·이성·명예 등의 오욕五欲과 세상 잡기와 술·고기 등…. 이런 것을 좋아하고 탐하다 보면 자기도 모르는 사이에 생사법에 깊이 결박을 당하게 됩니다. 이 모든 것들이 신체와 정신을 자극하는 것이기 때문에 도를 닦는 삶과는 거리가 멀어지지 않을 수 없습니다.

따라서 마을에 사는 사람은 지혜와 재주가 있다 할지라도 자기도 모르는 사이에 혼탁한 물에 오염되기 쉽습니다. 그러므로 모든 부처님들이 그에 대해 슬퍼하고 걱정하는 것입니다.

반대로 세속의 혼탁한 것들을 모두 벗어나서 맑고 깨끗한 물에 비친 달과 같이 고요한 청정수월도량淸淨水月道場에 사는 사람들은 죄를 범할 일이 적어지고, 설사 죄를 범하여 탁한 물이 좀 묻었다 한들 금방 맑은 물에 씻겨지는 법입니다.

그러므로 저절로 반 성인聖人이 아니 될 수가 없기 때문에, 비록 지혜와 재주가 없다 하더라도 산 속의 청정도량에 사는 사람에 대해 여러 성현들이 환희심을 내게 되는 것입니다.

앞서 보우普雨스님 이야기를 하였는데, 이 보우스님은 지혜롭고 밝은 분이었으나 마을에 내려와 살았기 때문에 부처님께서 슬퍼하신 경우입니다.

지혜가 남달랐던 보우스님이었지만, 세속의 잡된 일 속에 빠져 도정道情을 잃게 되었고, 다른 이들의 질투와 미움을 받게 되었기 때문에 제주도로 귀양을 가서 옥사를 하였습니다. 그토록 훌륭했던 보우스님도 도정을 잃어버렸으니, 어찌 마을에 사는 것을 부처님께서 슬퍼하고 걱정하지 않을 수가 있겠습니까?

만일 보우스님이 부지런히 산 속에서 도 닦는 일에만 전념하였더라면 훌륭한 도력과 밝은 지혜에 만민이 우러러보고 고개를 숙였을 것인데, 직접 정치일선에 나섰다가 그러한 업보를 부르게 되었으니 안타깝지 않을 수 없습니다.

실로 마을에서 도를 닦는다는 것은 쉬운 일이 아닙니다. 특히 번화하고 문명이 발달된 곳에 살다 보면 자기도 모르는 사이에 환경에 물들어버리게 되어 있습니다.

반대로 설사 도행道行이 없다 할지라도 꾸준히 산실山室에서 오래 살면 살수록 가치가 생기게 됩니다. 마을에서는 늙은이의 가치가 크지 않지만, 절집안에서는 늙으면 늙을수록 가치가 더욱 커집니다. 산중에서 구십, 백 살까지 살면 그 스님을 당할 이가 어디 있겠습니까? 백 살만 살면 자신이 아무리 싫다고 해도 저절로 가장 도가 높은 스님으로 추앙받게 됩니다.

왜 그런 것인가? 불가佛家에서 추구하는 법은 무위법無爲法, 곧 함이 없는 법이요 조작됨이 없는 법이기 때문입니다.

그러나 세상은 유위법有爲法으로 유지됩니다. 따라서 세속에서는 무엇인가를 할 수 있어야 합니다. 나름대로 잘 할 수 있는 것이 없으면 천대를 받게 마련입니다.

반대로 함이 없는 법을 따르는 불가에서는 함이 없을수록 대접을 더 잘 받게 됩니다. 설사 도행이 없다 하더라도 산중에 사는 사람은 여러 성현들이 기뻐하고 사랑하고 보살펴 줍니다.

'학도비구學道比丘에 제천여의식諸天與衣食'이라, '도를 배우는 비구에게는 하늘에서 옷과 음식을 준다'고 하였습니다. 그러니 도를 근심할지언정 가난하고 궁핍한 것은 절대 근심하지 않아도 된다는 것입니다. 이에 대한 이야기 한 편을 살펴봅시다.

❀

　옛날에 도를 닦는 한 스님이 있었습니다. 대중들이 많이 모인 큰 절에 살다보니 시시비비가 끊이지 않고, 공부도 잘 되지 않아, 아무도 없는 산꼭대기에 가서 도를 닦기로 결심했습니다.

　어느 날 그는 사람 발자국이 거의 닿지 않아 길도 없는 산꼭대기로 칡덩굴을 붙잡고 어렵게 올라갔습니다. 과연 꼭대기에 올라서니 앞이 탁 트이고 조용할 뿐 아니라, 물이 나오는 동굴까지 있었습니다.

　"정말 도 닦기에 안성맞춤이구나! 이곳에서 며칠 공부를 하자. '제천諸天이 여의식與衣食'이라고 하였으니, 제석천왕帝釋天王이 밥을 가져다 주겠지."

　그는 동굴 속에 앉아 도를 닦기 시작했습니다. 그런데 사흘 나흘이 지나 일주일을 꼬박 굶었는데도 제석천왕은 그림자도 보이지 않았습니다.

　'이러다가 굶어죽는 것이 아닌가?'

　그는 문득 제석천왕에게 속은 것 같은 생각이 들었습니다. 기력은 자꾸 없어지고, 삼매에 들기는커녕 망상만 있는대로 나는 것이었습니다.

　'이대로는 안되겠다. 죽더라도 밖으로 나가 제석천왕을 한번 불러나 봐야겠다.'

엉금엉금 굴 밖으로 기어나온 그는 있는 힘을 다해서 소리쳤습니다.

"제석아!―"

"예!"

'한번 불렀는데 아래쪽에서 대답하는 소리가 들리다니! 드디어 제석천왕이 오는가 보다.'

한편 아래쪽에서는 매일 산 밑의 골짜기로 꼴을 베러 다니던 '제석'이라는 총각이, '보리밥으로 주먹밥도 쌌겠다, 오늘은 저 꼭대기까지 한번 올라가 봐야지' 하면서 기어오르는 중이었습니다. 워낙 층암절벽인 데다가 높이 올라갈수록 절경이라, 혼자 상상의 나래를 펼치고 있었습니다.

'이런 곳에는 틀림없이 신선들이 살거야. 신선들이 바둑도 두고 학을 타고 왔다갔다 하는 곳일거야.'

이러한 생각에 서로 잡혀 있는데 갑자기 꼭대기에서 자기 이름을 부르는 소리가 들려오자 '신선이 나를 부르나 보다' 하고 얼결에 대답을 한 것입니다. 제석이 더욱 부지런히 올라가고 있는데 위에서 또 말소리가 들렸습니다.

"밥 가지고 왔느냐?"

주먹밥이 있었던 제석은 냉큼 대답했습니다.

"예!"

"어서 오너라."

스님이 올라온 제석천왕을 보니 더벅머리 총각이었습니다.

'제석천왕이 별나게 생긴 줄 알았는데 별일일세. 어쩌면 일부러 변장하여 온 것인지도 모른다.'

이렇게 생각을 하면서도 당장 배가 고파 죽을 지경이었으므로 먹을 것부터 챙겼습니다.

"등에 짊어진 것 얼른 내려놓아라."

도시락을 빼앗듯이 하여 펼쳐 보니 시커먼 꽁보리 주먹밥이 가득 들어 있었습니다.

'아, 오래 굶은 내가 쌀밥을 먹으면 위장이 상할까 싶어 꽁보리밥을 가지고 왔나 보다.'

스님은 부지런히 먹었습니다. 먹으면서 곰곰이 생각하니 참 기가 막히는 일이었습니다. '도를 배우는 비구에게는 제석천왕이 의식을 내린다'고 하신 부처님의 말씀이 틀림없는 사실이었기 때문입니다. 스님은 마음을 다잡았습니다.

'내가 이 하늘에서 내린 제석천왕의 밥을 받아먹고 한 생각인들 딴 생각을 해서는 안되지. 오직 화두일념話頭一念하여 도를 성취해야 한다.'

스님은 나머지 밥을 얼른 먹어치우고는 다시 굴 속으로 들어갔습니다. 그리고 들어가면서 제석천왕 들으라고 한 마디를 내뱉었습니다.

"너무 배고프니까 안되겠더라. 하루나 이틀에 한 번은 와야 되겠더구만."

공연히 점심만 빼앗긴 제석이는 굴속을 가만히 들여다보았습니다. 처음에는 깜깜해서 보이지 않았지만 점차 밝아지면서 앉아 있는 스님의 모습이 보이기 시작했습니다. 누더기를 입고 더부룩한 모습으로 앉아 있는데, 굴속이 환해지니까 마치 방광하는 것처럼 느껴졌습니다.

'참 이상한 일도 다 있다.'

산을 내려온 제석이는 동네를 다니면서 그 신기한 이야기를 퍼뜨렸습니다. 마침 그 동네에는 돈 많고 신심 깊은 처사가 있었는데, 존경할 만한 스님을 찾지 못해 애태우고 있던 중이었습니다. 제석이의 말을 들은 처사는 너무나 반가워서 제석이를 앞장세워 그 힘든 산꼭대기로 올라갔습니다. 과연 한 도인이 굴속에서 도를 닦고 있는데, 광명이 환하게 나는 것이었습니다.

'그토록 애타게 찾던 도인을 드디어 만났구나.'

그 이튿날부터 처사는 손수 맛있는 음식을 장만하여

산꼭대기로 올라갔습니다. 그는 굴 앞에다 음식을 살그머니 놓아두었고, 스님은 맛있는 음식냄새에 이끌려 굴 밖으로 나와 보니 어제의 꽁보리밥과는 다른 맛있는 음식들이 있는 것이었습니다.

"천상음식도 인간음식과 똑같구나."

스님은 간장까지 싹싹 다 닦아먹은 다음, 굴속에 들어가서 열심히 도를 닦았습니다.

그날 이후 처사는 산꼭대기까지 쉽게 올라갈 수 있도록 층계도 만들고 사다리도 놓고 하여 하루에 한 번씩 지성으로 음식을 갖다 날랐고, 스님은 '천상에서 이렇듯 자신의 공부를 지성껏 돌보아주니 감히 한 생각도 흐트러짐이 있어서는 안된다'며 수도에만 몰두하였습니다. 그리고 계절이 바뀔 때마다 옷도 한 벌씩 얻어 입게 되었습니다.

'천상옷은 무봉無封이라던데 인간옷과 똑같네?'

스님은 감사히 갈아입었습니다.

어느덧 세월이 3년이나 흘렀지만 스님과 처사는 한 번도 마주 본 적이 없었습니다. 처사는 늘 스님의 뒷모습만 보았고, 스님은 처사가 갖다놓은 음식과 옷만 받았을 뿐입니다. 만 3년이 되는 날 처사와 스님은 각각 생각했습니다.

'오늘은 우리 스님 얼굴을 꼭 한 번 봐야겠다.'

'내가 삼년 동안 밥을 얻어먹었지만 첫날 변장한 더벅머리 총각 외에는 제석천왕의 본래 모습을 보지 못했구나. 오늘은 꼭 한 번 만나봐야겠다.'

둘이서 같은 날 똑같이 이렇게 마음을 먹었으니 그야말로 이심전심以心傳心이었습니다.

보통 때 처사는 음식을 두고 곧바로 내려갔지만, 이 날은 "큰스님!" 하고 불렀습니다. 스님도 굴 바깥에 음식을 갖다놓는 인기척이 나자마자 "제석천아!" 하면서 뒤를 돌아보았습니다.

같이 외치면서 서로의 눈길이 딱 마주치는 순간, 스님과 처사는 동시에 확철대오確徹大悟 하였습니다. '지성이면 감천'이라고, 스님도 처사도 도를 깨달은 것입니다.

§

이처럼 고요한 산중에 살면 도가 저절로 이루어집니다. 나아가 성현들이 기뻐하고 환희심을 내며, 도를 배우는 비구에게는 누군가가 의식을 내려준다는 것입니다.

나도 우리나라에서 가장 오지라는 태백산 도솔암에서 6년 정진을 하였는데, 꼭 필요한 음식이나 물건들은

5. 출가사문의 참모습 103

때를 놓치지 않고 반드시 찾아들었습니다. 온 나라가 매우 가난하고 힘들었던 6·25사변 이후의 1950년대인데도….

그러므로 어떻게 살 것인가를 두려워하지 말고 열심히 도를 닦으십시오. 수행인의 생명은 다른 데 있는 것이 아닙니다. 오직 도를 닦고 도를 이루는 데 있습니다.

나아가 '승려의 또 하나의 본분인 중생제도나 포교를 못할까' 하는 걱정도 할 바가 아닙니다. 자기 자신이 먼저 수도를 하지 않고서는 중생제도를 제대로 할 수 없을 뿐 아니라, 포교를 한다 해도 겉치레 포교밖에 되지 않습니다.

포교에는 언설포교言說布教와 감화포교感化布教가 있습니다. 언설포교는 말로 하는 것이고, 감화포교는 말 없이도 상대방을 감화시키는 것으로, 감화포교야말로 진정한 포교입니다.

『서장書狀』에는, "다만 스스로 부처를 이룰지언정, 부처가 말을 잘 하지 못할까 걱정하지 말아라[自知作佛 莫愁佛不解語]."는 말이 있습니다. 부처가 되어 말을 잘 못할까 걱정하지 말고 부처만 되라는 말씀입니다.

부처만 되고 나면 그때는 '똥덩어리'라고 해도 그것이 바로 법문이고, 욕을 해도 법문입니다. 말 한 마디

표정 하나가 법문 아닌 것이 없게 됩니다.

도만 깨닫고 나면 흙덩어리·돌덩어리가 다 방광을 하고, 도를 깨치지 못하면 금덩어리·은덩어리라 해도 기왓장 조각에 불과한 것입니다.

오로지 수도를 통하여 무엇보다 먼저 도를 깨닫는데 주력해야 합니다. 그렇게 하여 득력得力, 곧 흔들리지 않는 힘을 얻으면 포교의 길을 떠나십시오. 그때 포교를 해도 늦지 않습니다.

불자의 본분은 잡념과 잡사를 떠나, 참 삶을 이루는 부처님의 가르침을 따르며 사는 것입니다. 모름지기 출가승려라면 원효스님께서 "지혜와 재주가 있더라도 마을에 살면 부처님이 슬피 여겨 근심한다."고 하신 말씀을 명심하여 열심히 산중에서 정진해야 하며, 재가의 보살이라면 마음으로 부처님을 잘 모시면서 형편따라 인연따라 능력따라 기도하고 참선하고 염불하고, 독경 사경 등의 불교공부를 열심히 하며 살아야 합니다.

그리하여 부처님과 성현들이 기뻐하고 사랑하는 불자가 되기를 두 손 모아 축원드립니다.

6. 계·정·혜 삼학을 닦으며

배운 것이 　많다 해도 　계와 행이 　없는 이는
보물창고 　일러 줘도 　찾지 않는 것과 같고
부지런히 　행하지만 　지혜로움 　없는 이는
가야할 길 　동쪽인데 　서쪽 길로 　향하나니
지혜인은 　쌀을 쪄서 　밥을 짓듯 　실천하고
무지하면 　모래 쪄서 　밥을 짓듯 　행동하네

雖有才學이나 　無戒行者는　　수유재학 무계행자
如寶所導 　而不起行이요　　여보소도 이불기행
雖有勤行이나 　無智慧者는　　수유근행 무지혜자
欲往東方 　而向西行이니라　　욕왕동방 이향서행
有智人所行은 　蒸米作飯이요　　유지인소행 증미작반
無智人所行은 　蒸沙作飯이니라　무지인소행 증사작반

계행부터 지키자

원효스님께서는 "배운 것, 곧 재주가 많고 학문이 높다 하더라도 계행戒行이 없는 이는 아무리 보배가 있는 곳으로 인도를 해도 가지 않는 바와 같다."고 하였습니다.

계 행戒行은 얽어 묶는 것입니다. 내가 하고 싶은 것을 못하게 하고, 갖고 싶은 것을 못 갖게 하며, 먹고 싶은 것을 못 먹게 하는 것이 계행입니다. 그런데 왜 부처님께서 얽어 묶는 계를 제정하신 것일까? 부처님께서 최초로 계행에 대해 말씀하시게 된 데는 다음과 같은 배경 이야기가 전해지고 있습니다.

어느 때 흉년이 들어 모든 비구들이 제대로 먹지 못해 배를 곯고 있었습니다. 그때 신통력이 매우 빼어난 목련目連존자가 부처님께 여쭈었습니다.

"부처님, 저 설산雪山에 가면 아뇩발지라는 못이 있는데, 그 못가에는 주인이 없는 갱미〔無主粳米 무주갱미〕가 많이 있다고 들었습니다. 그것을 좀 가져다가 먹으면 어떠하겠는지요?"

갱미는 논에 자라는 피와 같은 것으로, 사람들이 일부러 심지 않아도 바람이 불어와 저절로 싹이 트고 자라는 경우가 있습니다. 그것을 훑어다가 삶아서 걸쭉하게 먹으면 요기가 되지 않겠느냐고 말씀드린 것입니다.

"목련아, 설산 아뇩발지가 여기서 얼마나 되느냐?"

"약 삼천리쯤 됩니다."

"그 먼 곳을 어떻게 가서 어떻게 가지고 온다는 것이냐?"

"신통神通이 있으니까 그걸 쓰면 되지 않습니까?"

"너처럼 신통이 있는 이들은 신통을 써서 가지고 온다 하더라도, 신통이 없는 다른 비구는 어떻게 하느냐?"

"제가 데려가기도 하고 가져와서 나누어 주기도 하면 됩니다."

"아서라, 목련아. 지금의 너희들은 그렇다 하더라도, 미래 말세의 비구들은 그런 일을 당하였을 때 어떻게 하겠느냐?"

"그때의 일은 잘 모르겠습니다."

"모를 일을 어떻게 하느냐? 우리가 지금 하는 모든 일은 미래 말세의 비구들에게 모범이 되고, 또 잘 받들어져야 한다. 그리고 하고 싶은 대로 신통을 함부로 부리면 불법이 오래가지 못하느니라."

부처님의 말씀을 들은 목련존자는 다시 여쭈었습니다.

"부처님, 그렇다면 불법이 오래 갈 수 있는 방법이 따로이 있습니까?"

"그렇다. 계행戒行이라는 것이 있으면 불법이 오래 가

느니라."

"그 계행이란 어떠한 것입니까?"

"여기 수만 송이의 아름다운 꽃들이 있다고 하자. 많은 사람들은 누군가를 환영하기 위하여 높은 대 위에다 꽃들을 놓아두었는데, 큰 바람이 불면 어떻게 되겠느냐? 그 꽃들은 모두 흐트러져버릴 것이다. 그러나 계행이라는 줄이 있어서 그 꽃을 묶어 고정시켜 놓으면 꽃들은 흩어지지 않고 오래 갈 수 있느니라."

"그렇게 좋은 것이라면 어서 말씀을 해주십시오. 그 계행을 실천하겠습니다."

"기다려라. 옷이 떨어지기 전에 미리 옷을 기울 필요는 없다. 옷이 떨어지고 헤어졌을 때 바늘과 실로 깁는 것이지, 떨어지기도 전에 미리 기울 까닭이 무엇이냐? 이것 또한 계행이니라."

ꙮ

부처님께서는 흩어지지 않게 꽃을 묶어놓는 줄과 같은 것이 계행이라고 하셨습니다. 줄로 묶는 것! 하지만 어느 누구도 이렇게 속박을 당하는 것은 싫어합니다. 초등학생들도 이번 시간은 수업 하지 않고 논다고 하면 환호성을 지르며 좋아하듯이, 사람은 누구나 어디엔가 얽매이는 것을 싫어합니다.

그러나 사람을 구속하고 얽어매는 것처럼 보이는 이 계행이라는 것이 '왜 필요한 것인지'를 생각하지 않으면 안 됩니다.

모든 사람들이 훌륭한 인격과 도덕성을 갖춘 완전한 존재라면 이 세상에서 법法이라는 것은 전혀 필요하지 않을 것입니다. 마찬가지로 불도佛道에 입문한 모든 이들이 처음부터 깨달음을 이루었고 완벽한 도덕성을 갖추었다면 계행이 필요할 까닭이 없습니다.

그러나 처음부터 다 되어 있는 자는 거의 없습니다. 오히려 모든 번뇌망상과 세속적인 욕망을 극복하지 못하여 끊임없이 사고를 일으키는 사고뭉치들이 더 많습니다.

그래서 계행이 필요합니다. 여러 가지 문젯거리로부터 도를 닦는 이들을 보호하고, 본래의 청정한 자성自性을 회복해 가질 수 있도록 바르게 이끌어주는 것이 바로 계행인 것입니다.

인생을 곰곰이 헤아려 보십시오. 그야말로 한바탕의 꿈에 불과합니다. 그 꿈을 깨고 나면 공신空身, 텅빈 몸뚱이뿐인 것입니다. 좋은 일 궂은 일이 한바탕 꿈인데도, 꿈속에서 꿈을 헤아리며 사는 것이 우리들입니다. 실로 가소로운 일이 아닐 수 없습니다.

그러나 우리는 일평생동안 그 꿈에서 잠시도 깨어나

지 못하고 죽음을 맞이하는 경우가 많습니다. 아무 이
룬 것 없이 이 세상에 한번 왔다가 그냥 가는 이 몸. 그
것은 바로 행이 없는 빈 몸〔無行空身 무행공신〕에 불과한
것입니다.

 승려 또한 마찬가지입니다. 승려가 출가의 본분을 잊
고 산다면 이 역시 무행공신의 삶일 뿐입니다. 그렇다
면 출가의 본분은 무엇인가?

 계행〔戒〕을 지켜서 선정〔定〕을 얻고, 지혜〔慧〕를 증득
하여 해탈解脫을 이루고, 해탈지견解脫知見을 성취하여 중
생들을 제도하기 위해 출가한 것입니다. 그런데도 이
다섯 가지 중 하나도 이루지 못하고 세상을 마쳐서야
되겠습니까?

 진정 출가한 본래의 뜻을 이루기 위해서는 무엇보다
먼저 계행을 지켜야 합니다. 계행이 없으면 선정이 이
루어질 리가 없습니다. 계의 그릇이 깨어졌으니 어찌
선정의 물이 담겨 있을 수 있겠습니까? 감로병이 부수
어졌으니 감로수가 담겨 있을 까닭이 없습니다.

 물이 담겨 있어야 찌꺼기가 가라앉은 다음, 고요히 맑
은 물에 달이 비치어 지혜가 성취되는 것입니다. 그런
데 계의 그릇이 깨어져 물이 담길 수조차 없으니 선정
도 지혜도 어찌 이루어질 수 있겠습니까? 해탈과 해탈

지견은 더더욱 억만불급입니다.

그러므로 부처님께서는 계행을 올바로 지키지 못하는 이들은 일찌감치 포기하도록 만드는 법을 제정하셨습니다. 그와 같은 무행공신을 밥 많이 퍼 먹여서 키워봤자 결코 해탈할 수 없으므로, 중요한 계를 범하는 이들을 승단에서 축출하는 '바라이죄波羅夷罪'를 만들어 놓으신 것입니다.

세속에 사는 이들도 마찬가지 입니다. 만일 계행으로 올바로 무장을 하지 않고 출가승려로 살게 되면 신도의 빚만 잔뜩 짊어지게 될 뿐 아니라, 불교 집안을 망하게 만들어 버리는 결과를 초래하기까지 합니다.

계행으로 자신이 무장되어 있지 않으면 흐리멍덩한 무행공신으로 이 한 목숨을 마치는 것은 물론이요, 주변 사람들에게도 나쁜 물을 들이게 됩니다.

그러므로 불교를 믿는 모든 이들은 무엇보다 먼저 계행을 잘 지키고자 애를 써야 합니다. 그리하여 나쁜 습관과 그릇된 버릇들을 고쳐나가야 합니다.

담배 · 술 · 도박을 비롯한 여러 가지 나쁜 습관들. 이 모든 것을 계속 반복하게 되면 인이 박히게 됩니다. 그래서 끊고자 해도 쉽게 끊지 못하고, 고치고자 해도 용이하지가 않습니다.

이러한 인들을 제거하려면 백일기도하듯이 석 달 정도만 딱 참으면 됩니다. 그 고비를 지나고 나서 조금만 조심하면 완전히 끊을 수 있는 것입니다.

이 밖에도 생명을 경시하고 색을 밝히고 사소한 거짓말을 하고 나쁜 손버릇을 버리지 못하는 등의 여러 가지 나쁜 습성들은 스스로가 잘 절제할 줄 알아야 합니다. 음식 먹는 것에서부터 오욕락에 이르기까지, 참된 수행자의 길은 이 계행을 잘 지키는 것에서 비롯된다는 것을 꼭 명심해야 합니다.

나아가 계행을 잘 지키는 것과 함께 수행자에게 꼭 필요한 것은 지혜입니다. 열심히 계행을 지키면서 수행할지라도 지혜가 없으면 엉뚱한 길로 나아가기 쉽습니다.

지혜는 눈(目)과 같고 계행은 발(足)과 같은 것입니다. 만약 눈이 없다면 발이 제대로 걸을 수 있겠습니까? 또 눈만 있고 발이 없다면 열반의 산을 오를 수 있겠습니까?

이처럼 지혜의 눈이 밝은 사람은 가야 할 길, 가지 말아야 할 길, 해야 할 일, 하지 말아야 할 일을 잘 분간합니다. 그러나 아무리 눈이 밝더라도 계행을 잘 지키지 않으면 아무 소용이 없습니다. 그래서 원효스님께서는 "아무리 재지가 뛰어나다 해도 행이 없으면 보물창고를 일러주어도 가지 못하는 것과 같다."고 하신 것입니다.

또한 발이 아무리 튼튼하여 어디든지 열심히 잘 갈 수 있다 하여도 눈이 어두우면 가야 할 곳을 찾지 못하게 됩니다. 원효스님의 말씀처럼 '동쪽으로 가는 줄 알고 가지만 서쪽으로 갈 수도 있고' 좋은 길을 찾아 간다는 것이 구렁텅이로 걸어 들어갈 수도 있는 것입니다.

이처럼 지혜와 계행은 눈[目]과 발[足]의 관계와 같고, 수레의 양쪽 바퀴와 같은 것입니다. 우리 불자들은 지혜가 있다고 하여 계행에 소홀해서도 안 되고, 지혜 없이 열심히 닦기만 하는 어리석은 사람이 되어서도 안 됩니다. 이것이 바로 붓다와 뭇다의 차이입니다.

인도에서는 붓다(Budda:부처)라는 말과 뭇다(Mudda:중생)라는 말을 일상용어로도 많이 사용하고 있습니다. 붓다는 꿈을 완전히 깨어 '자유자재하게' 된 사람을 뜻하고, 뭇다는 꿈에서 깨어나지 못하고 있는 사람을 뜻합니다.

사람에게 적용할 때는 석가모니에 대해서만 붓다라는 칭호를 붙이지만, 일상용어로 사용할 때에는 지혜로운 사람이나 한 가지 기술에 능통한 사람을 '붓다'라고 합니다. 그리고 어리석은 사람이나 기술에 익숙하지 못한 사람을 '뭇다'라고 부릅니다. 한 가지 예를 들겠습니다.

❀

인도에 가면 거리에서 차를 팔러 다니는 사람들을 많이 만나게 됩니다. 리어카에 숯불을 피워 끌고 다니면서 따끈한 홍차를 파는 것입니다. 인도말로 '뜨람차이 헤이―', '따끈한 차 드세요' 하면서 외치고 다니는데, 그 맛이 네팔에서부터 인도 남쪽 스리랑카에 이르기까지 한결같습니다.

이 차장수들이 차를 타는 모습을 보면 참으로 신기합니다. 길다란 유리잔에 끓인 홍차를 꽉 부은 다음, 엿덩어리처럼 생긴 원당原糖을 다른 잔에 넣고 뜨거운 홍차물을 쏟아붓습니다. 그런 다음에 두 개의 잔을 양 손에 하나씩 쥐고 아래위로 번갈아가면서 이 잔 저 잔으로 쏟아부으면 설탕덩어리와 홍차가 잘 섞이게 되는 것입니다.

그런데 바로 이때 뜨거운 홍차가 든 쪽은 손을 높이 들고 빈 잔을 든 쪽은 낮게 하여 붓기 때문에, 자칫 잘못하면 뜨거운 홍차가 쏟아지기 십상입니다. 그러나 그들은 한 방울도 흘리지 않습니다. 게다가 번갈아 쏟아붓는 속도가 얼마나 빠른지 몇 초 사이에 한 잔씩 만들어냅니다. 그리고 설탕이 다 녹은 다음에는 우유 한 방울을 부어서 손님에게 주는 것입니다.

그 차장수들의 곁에는 항상 어린 조수들이 있습니다. 그러나 조수들은 아직까지 차를 타는 방법에 익숙하지 못하여 손에 뜨거운 물이 튀는 경우가 많으며, 순간적으로 잔을 놓쳐 깨뜨리기도 합니다. 바로 그때 차장수는 실수한 조수를 향해 "에. 뭇다—"하며 놀리고, 잘 하면 "붓다헤이"하며 칭찬해 주는 것입니다.

§

이처럼 도를 구하는 이들은 붓다가 되고자 할 뿐, 뭇다가 되어서는 안 됩니다. 꿈에서 깨어나지 못한 채 꿈속에서 꿈을 꾸는 어리석음을 범해서는 안 된다는 것입니다. 그러나 이러한 어리석음을 범하는 뭇다는 너무나 많습니다.

마치 처음으로 볶은 참깨를 먹어 보고 그 맛에 홀딱 반한 사람이, '볶은 참깨가 이렇게 맛이 있는 줄 모르고 날깨만 먹었으니, 나도 참 바보야' 하고는, 밭에다 볶은 참깨를 심어놓고 싹이 나기를 기다리는 사람의 행동과 다를 바가 없습니다.

물론 아무리 기다려도 싹이 날 리가 없었습니다. 이처럼 지혜가 없이 행하는 자는 마치 모래를 쪄서 밥을 지으려는 것처럼 어리석고 힘만 들 뿐입니다.

과연 우리는 쌀로써 밥을 짓는 지혜인이 되렵니까? 모래를 쪄서 밥을 짓는 어리석은 사람이 되렵니까?

그런데 여기서 한 가지 주목할 점이 있습니다. 그것은 쌀로써 밥을 짓는 것이 지혜인의 소행이라는 것입니다. 그런데 가만히 생각을 해보십시오. 쌀로써 밥을 짓는 것. 이것은 너무나 당연한 일이 아닙니까?

그렇습니다. 지혜로운 행은 별 것이 아닙니다. 너무나 당연한 행입니다. 마땅히 해야 할 행입니다. 이것을 결코 잊지 않는다면 우리는 지혜롭게 살 수가 있고, 지혜롭게 도를 닦을 수 있습니다.

배 고프면 밥 먹을 줄 누구나 다 알면서도
불법 배워 치심 개조 어찌하지 않는 건가
행과 지혜 갖추는 것 수레바퀴 둘과 같고
자리이타 보살행은 새의 양쪽 날개로다

共知喫食 而慰飢腸호대 공지끽식 이위기장
不知學法 而改癡心이니라 부지학법 이개치심
行智具備는 如車二輪이요 행지구비 여거이륜
自利利他는 如鳥兩翼이니라 자리이타 여조양익

지혜롭게 자리이타행을 실천하라

이에 원효스님께서는 다시 한 번 당연한 가르침을 내리고 있습니다. "사람마다 밥을 먹어 주린 배를 채울 줄은 알면서도, 불법을 배워 어리석은 마음(癡心)은 왜 고치려고 하지 않는가."라 하신 것입니다.

지혜 있는 사람이나 어리석은 사람이나 배고프면 밥을 먹어 주린 창자를 달래줄 줄 알듯이, 자신이 못내 어리석은 상태에 빠져있다면 마땅히 부처님의 법을 배워서 어리석은 마음을 고치고자 해야 한다는 말씀입니다.

그럼 어떤 것이 어리석은 마음인가? 탐욕심·애착심·분노심·시기심·질투심·아만심·방일심 등 바르지 못하고 지혜롭지 못한 삿된 마음은 모두가 어리석은 마음입니다.

그렇다면 지혜란 어떠한 것인가? '지智'는 간택한다는 뜻이요 '혜慧'는 결정한다는 뜻입니다. '잘 간택하고 잘 결정하는 것'이 바로 지혜입니다.

'내가 이 일을 할 것인가 말 것인가? 내가 사랑을 할 것인가 말 것인가? 탐욕과 분노에 빠질 것인가 말 것인가?'

이렇게 매사에 잘 헤아리고 살펴서 현명한 선택을 하는 것이 지혜입니다. 찾아들고 부딪히는 인연들을 잘

풀어나가는 것도 지혜입니다.

특히 스님네들은 세속의 부모친척, 세속의 인연을 어떻게 상대할 것인가 하는 문제와 곧잘 부딪히게 됩니다.

그런데 세속의 인연을 아주 무시해버리는 것도 문제가 됩니다. 부모가 돌아가셨는데도 나는 출가한 몸이니까 상관없다고 모른 척 하는 것은 불효입니다.

그렇다고 세속의 인연에 너무 집착하여 속가에 자주 들락거려서도 안 됩니다. 정식 승려가 된 다음에는 세속의 부모에게 폐를 끼치지 말아야 합니다.

그리고 부모가 돌아가셨다는 소식을 들었다면 마을에 돌아가서 상주 노릇을 해야 할 것인가? 그리고 돌아가서 상주 노릇을 한다면 어떻게 처신할 것인지?를 잘 판단해야 합니다.

가령 머리 깎은 승려가 속인들처럼 엉엉 울거나 곡을 하면서 상주 노릇을 하고 세속의 풍습에 휩쓸린다면 행할 바가 못됩니다. 곧 내가 도력道力이 있어서 친지와 마을 사람들을 이끌어줄 수 있는 힘이 있다면 가도 좋으나, 그렇지 않을 바에는 가지 않는 것이 낫습니다.

왜냐하면 절에서는 큰스님이라고 하는 이도 마을에 내려가면 아저씨뻘, 할아버지뻘 되는 사람들이 수두룩하여 불교신자가 아닌 다음에는 "너 아무개 아니냐?"

하면서 스님 대접을 하지 않기 때문입니다.

그러므로 집안이 불교가 아니어서 마을에서 장례를 치를 경우에는 어지간하면 가지 않고 절에서 불공을 드리고 49재를 지내는 것이 좋습니다. 이제 속가俗家와의 인연을 지혜롭게 이끌어간 실제 이야기들을 살펴보도록 합시다.

부산의 진제眞諦스님은 경남 남해군南海郡이 고향입니다. 어느 날 아버님이 돌아가셨다는 전갈을 받고 고향으로 갔지만, 고향 사람들은 불심佛心도 없고 불교도 믿지 않고 있었습니다. 스님은 커다란 삿갓을 쓰고 장삼을 갖추어 입고 목에다 커다란 목탁을 매고서 동네에 들어서자마자 목탁을 두드리며 염불을 하기 시작했습니다.

"나무아미타불 나무아미타불…"

마침내 집에 당도하자 마을 사람들은 초상집에 목탁을 두드리며 들어오는 스님을 유심히 살폈고, 스님이 그 집 아들임을 알아차린 마을 사람들은 한 마디씩 거들었습니다.

"아무개가 왔구나."

"어서 오너라."

"그동안 어디서 지냈느냐?"

누가 뭐라고 하건 스님은 대꾸도 하지 않고 '나무아미타불'만 계속 부르면서 제상 앞으로 갔습니다.

그리고 목탁을 두드리며 쉴 새 없이 나무아미타불만 불렀습니다. 아무개가 왔다는 소리를 듣고 이름을 부르며 집으로 쫓아 들어온 동네 친구들까지도 나무아미타불만 계속 부르는 스님에게 말을 붙일 수가 없어 멍하니 구경만 할 뿐이었습니다.

삼일장을 지내는 동안 스님은 쉬지 않고 계속 염불했습니다. 졸리면 앉은 채로 잠깐 눈을 붙이고, 다시 깨어남과 동시에 목탁을 두드리며 나무아미타불을 불렀습니다.

그러다가 동네 할머니와 아주머니들이 스님을 따라서 '나무아미타불'을 부르기 시작했고, 차츰 불심도 전혀 없고 불교가 무엇인지도 잘 모르는 젊은 사람들과 어린이들까지 덩달아서 '나무아미타불'을 따라 외쳤습니다. 마침내 온 동네 사람들이 다 모여서 마당에 멍석을 깔아놓고 나무아미타불을 외웠습니다.

상여가 나갈 때에도 상여꾼들이 '어기야 영차' 소리도 한 번 해 보지 못했다고 합니다. 상여 앞에서 뒤에서 나무아미타불만 계속 합창으로 염하면서 장지까지

도착했기 때문입니다.

장례가 끝날 때까지 그저 염불만 계속한 진제스님은 무덤 앞에서 마지막으로 크게 한 번 절하고 돌아와 버렸습니다. '잘 계시오, 잘 가시오' 이런 말도 하지 않았습니다.

그렇게 하고 절에 돌아와 있으니까 불교를 믿지 않던 식구들이 떼를 지어 절에 와서는 49재를 지내자고 하였고, 그래서 함께 49재를 잘 모셨다고 합니다.

나의 도반인 도견道堅스님은 선방에서 3년 결사結社를 지내고 있는 중에 아버님의 사망소식을 듣게 되었습니다. 결사 중이라 마을에 내려갈 수도 없고 하여 법당 한쪽 구석에다 병풍을 하나 치고 아버님의 위패를 모셨습니다.

도견스님은 날마다 저녁 9시에 방선放禪을 하고 나서부터 10시까지 한 시간 동안 위패 앞에 향 피워놓고, 아버님을 위해 『범망경보살계』를 한 번씩 읽어드렸습니다. 이렇게 정진도 열심히 하고 천도도 정성껏 한 것입니다.

그런데 이 사실이 마을에 알려져서 식구들이 모두 절에 찾아와서 49재를 거창하게 지냈습니다. 도견스님이 막내였는데, 누님들이 찾아와서는 신도가 되어 스님네들 옷 한 벌씩 다 해드리고 보시도 하였습니다. 출가한 막내동생의 지극한 불심과 효심에 이끌려 모두 스스로 신도가 된 것입니다.

§

참으로 승려답게 상주 노릇을 잘한 지혜로운 처신이라 하지 않을 수 없습니다. 잘 참고하시기 바랍니다.

이어 원효스님께서는 "**지혜와 행은 수레의 두 바퀴와 같고 자리이타를 닦는 일은 새의 양쪽 날개와 같다.**"고 하였습니다.

자리이타自利利他란 나도 이롭게 하고 남도 이롭게 하는 일입니다. 이 자리이타야말로 불법의 구경究竟이요, 마지막이라 할 수 있습니다. 이 자리와 이타에 관해서는, 그 말이 놓이는 순서에 따라 몇 가지로 해석을 달리하기도 합니다.

먼저 말 그대로 '자리이타'는 나도 이롭고 남도 이로운 것, 곧 나도 좋고 남도 좋은 것으로 해석할 수 있습니다.

그 다음에는 '자리로 이타하는 것'입니다. 그 순서에 초점을 두어 나에게 이로운 그것을 가지고 남을 이롭게 해 주는 것입니다. 따라서 나에게 이롭지 못하면 남을 이롭게 해 줄 수 없습니다.

　보시를 하려 해도 자기에게 아무 것이 없으면 보시를 할 수 없습니다. 자기에게 법력法力이 있어야 남에게 법문을 일러줄 수 있고, 자기에게 돈이 한 푼이라도 있어야 남에게 베풀 수 있습니다. 그러므로 내가 힘이 있어야 누구한테 도움을 줄 수 있는 것이니까 나 자신이 먼저 힘을 길러야 한다는 것입니다.

　마지막으로 '이타자리'는 남을 이롭게 하는 것이 자기를 이롭게 하는 것이라고 보는 견해입니다. 곧 포교를 잘 하는 것이 바로 복 짓는 일이고 지혜를 닦는 일이라는 것입니다.

　지장보살地藏菩薩께서는 "모든 중생을 다 제도한 다음에 내가 성불 하리라." 하셨습니다. 이것이 바로 이타자리의 극치입니다. 이 때문에 자리이타를 제불발심諸佛發心이라 하고, 이타자리를 보살발심菩薩發心이라 하게 되었습니다. 그러나 이러한 구분은 관념의 차이일 뿐, 궁극적으로는 같은 말입니다.

　다만 원칙적으로 생각할 때, 자신에게 도력이 없으면 남을 교화하기는커녕, 오히려 중생에게 교화되어 버리고 만다는 사실만은 꼭 명심해야 합니다. 부처님께서도 6년 고행苦行이 있은 다음에 49년의 설법을 하셨습니다. 6년 고행으로 도를 깨달으신 후 49년 동안 대중들을 위해 설법하신 것입니다.

이처럼 자리와 이타는 어떻게 보나 서로 떨어질 수 없는 관계에 있습니다. 자신만을 이롭게 하고 자신만을 위해 힘을 기른다면 이미 불법을 배우고 닦는 이라고 할 수 없습니다. 그리고 스스로에게 아무런 능력도 힘도 없으면서 중생을 교화하고 제도한다고 나서는 것 또한 지혜롭지 못한 행동입니다.

새가 한쪽 날개만으로는 날 수 없듯이, 새의 양쪽 날개와 같은 자리와 이타를 함께 갖추어야 하는 것입니다.

불자들이여, 한쪽 바퀴가 빠진 수레는 구르지 못하고, 한쪽 날개를 다친 새는 제대로 날 수 없습니다. 모름지기 수레의 두 바퀴마냥 계행과 지혜를 함께 갖추고, 새의 두 날개와 같은 자리와 이타의 행을 함께 실천하는 보살이 되고자 하십시오.

바로 그때 큰 깨달음의 길이 열리고 지혜와 자비와 평화와 행복의 세계가 펼쳐지게 됩니다.

부디 계행과 지혜, 자리와 이타와 함께 하는 삶을 영위하시기를 두 손 모아 축원드립니다.

죽 얻으며 축원해도 그 참뜻을 모른다면
정성스런 그 보시에 어찌 아니 부끄럽고
공양 올려 염불해도 깊은 이치 못깨치면
불보살님 성현 앞에 죄스럽지 아니한가

得粥祝願하되 不解其意하면　득죽축원 불해기의
亦不檀越에 應羞恥乎며　　역부단월 응수치호
得食唱唄하되 不達其趣하면　득식창패 불달기취
亦不賢聖에 應慙愧乎아　　역불현성 응참괴호

참뜻을 알고 이치를 깨쳐라

이제 원효스님께서는 남의 보시를 받으며 축원祝願하고 염불을 할 때, 반드시 축원문의 내용과 깊은 이치를 알고 해야 함을 강조하고 있습니다.

우리나라의 의식문이나 축원문은 대부분 한문으로 되어 있습니다. 그러므로 시주를 받아 축원을 해주면서도 축원문의 뜻이 무엇인지도 모른 채 형식적으로 외우기만 하는 이들이 많이 있습니다.

이렇게 축원문의 내용을 마음속으로 새기지 않게 되면 시주하고 불공드리는 신도들의 정성을 헛되이 만들어버리는 결과를 초래합니다. 일체 중생의 복전福田인 승려라면 마땅히 부끄럽게 여겨야 할 것입니다. 또한 공양을 올리고 예불을 드리면서도 그 깊은 이치를 깨우치지 못한다면 불보살에 대해 죄스럽게 여기는 것이 마땅할 것입니다.

신도들의 시주와 공양을 받으면서 공부를 게을리 하고 안이한 자세로 중생제도에 임한다면, 아래로는 뭇 중생과 위로는 불보살께 얼굴을 들 수 없는 수치와 죄악을 짓는 일임을 명심해야 합니다.

본문 게송에 '죽 · 공양' 등의 말이 나오는 만큼, 여기서 잠시 불가의 식생활에 대해 살펴봅시다.

부처님 당시의 초기 수행자들은 하루 한 끼의 공양만을 받으며 금욕적인 수도생활을 하였습니다. 그러다가 오후불식午後不食이라 하여, 아침에는 죽을 먹고 점심에는 밥을 먹도록 완화되었는데, 그 배경은 다음과 같습니다.

부처님의 아들인 라후라존자가 석가족釋迦族 왕자들과 함께 출가를 하였을 때의 나이는 열두 살이었습니다. 어린 라후라는 존경하는 아버지 곁에 있고 싶어 출가를 하였으나, 막상 절에 와서 보니 모든 수행자들이 하루 점심 한 끼만의 공양으로 살아가고 있는 것이었습니다.

궁중에서 맛있는 음식을 배불리 먹고 지냈던 라후라로서는 한 끼의 식사가 참을 수 없는 고통이었습니다. 마침내 라후라는 매일 아침마다 배가 고프다며 울면서 투정을 부렸고, 어느 날 부처님께서 그 울음소리를 듣게 되었습니다.

"누가 저렇게 울고 있느냐?"

"라후라가 배고픔을 견디지 못하여 울고 있사옵니다. 아마도 궁중생활에 익숙해진 탓에 아침시간의 배고픔을 참지 못하는 것 같습니다."

"그래? 나이가 어려서 역시 참을성이 없구나. 그렇다면 앞으로는 병들고 몸이 약한 사람, 어린이들을 위해 아침에는 죽을 먹도록 하여라."

8

이렇게 아침에는 죽을 먹고 점심에는 밥을 먹게 되었는데, 오늘날에도 미얀마·태국 등의 남방불교에서는 이러한 수행 자세를 그대로 본받아 아침에는 죽을, 점심에는 밥을 먹고 낮 12시 이후에는 식사를 하지 않습니다. 그리고 우리나라와 중국 등의 대승불교권에서는 저녁에도 밥을 먹습니다.

그런데 '아침에 죽을 먹으면 힘이 나지 않는다'고 하면서 죽을 먹지 않는 절이나 수행자가 많이 있습니다. 그러나 '죽십리粥十利'라 하여, 아침에 죽을 먹으면 다음과 같은 열 가지 이익이 있다고 합니다.

① 얼굴빛이 좋아지고
② 혈액순환이 잘 되어 기력이 좋아지고
③ 속이 편안해지고
④ 대변이 좋아지고
⑤ 풍기風氣가 없어지고
⑥ 소화가 잘 되고
⑦ 마음이 맑고 깨끗해지고
⑧ 요기가 되고
⑨ 갈증이 없어지고
⑩ 수명이 길어진다

이처럼 아침에 죽을 먹는 것은 절집안의 전통이자 그 이익이 지대한데도, 잘 지켜지지 않고 있어 심히 안타깝습니다.

잠깐 시대를 거슬러 올라가겠습니다. 옛날에는 속가에서나 절집안에서나 형편이 말할 수 없이 어려웠습니다. 특히 보릿고개에는 먹을 것이 없어 굶는 사람이 속출하고 아이들은 부황에 걸려 얼굴이 누렇게 떠서 다녔습니다.

하루에 한두 끼는 죽으로 때웠는데, 손님이라도 왔다 하면 거기에다 물만 한 사발 더 붓습니다. 그러면 한 그릇이 더 늘어나는 것입니다.

절집안에서는 마을에서 얻어 온 밥을 모아서 단지에 다 넣은 뒤, 솔잎을 찧어서 걸러낸 파란 솔물을 밥에다 부어 두었습니다. 밥에다가 솔잎 찧은 물을 부어놓으면 일 년 내내 두어도 쉬는 법이 없이 항상 고들고들한 상태로 보관되기 때문입니다.

그렇게 밥을 저장해 두고, 끼니때가 되면 한 국자씩 퍼내어 흰죽을 끓여서 된장국과 함께 먹었습니다. 이 죽을 송죽松粥이라 하는데, 그냥 먹으면 떫은맛이 있지만 된장국과 같이 먹으면 아주 일미입니다.

그래서 절집안에서는 '송죽거리 장만해 놓았느냐' 하면 '노후대책을 마련해 놓았는가' 하는 뜻으로 통용되기까지 하였습니다.

요즈음에는 먹고 살기 힘들어 승려가 되는 경우는 없어졌지만, 옛날에는 송죽거리를 장만하기 위해서, 밥을 얻어먹고 살기 위해 출가하는 경우도 많았습니다.

이렇게 먹지 못해 출가한 이라면 먹여주는데 대한 은혜라도 느낍니다. 여기 가난 때문에 출가한 한 딱한 가장의 이야기를 소개합니다.

❀

아이들이 많이 딸린 가난한 부부가 있었습니다. 온 가족은 가장인 아버지가 나뭇짐을 해다가 판 돈으로 그날그날 목숨을 이어갔습니다. 매일 아침 아내가 남편의 지게 뒤에다 조그마한 자루 두 개를 달아 주면, 남편은 하루 종일 나무를 하여 판돈으로 보리쌀과 콩 몇 줌, 소금 한 홉을 사서 자루에 넣어 오는 것이었습니다.

그 콩을 갈고 보리쌀을 삶아 멀건 죽을 끓여서 아이들을 한 그릇씩 먹이고 나면, 엄마는 먹을 것이 없어 매일 매일을 굶다시피 했습니다.

그러던 어느 날 남편이 장에서 돌아와 보니, 누렇게 부황이 든 아내가 영양실조로 죽어 있었습니다. 남편은 산에 올라가 아내의 무덤을 만들어준 뒤, 지게 작대기로 무덤을 때리면서 울부짖었습니다.

"여보! 지게에다 자루 두 개 채워주면서 '보리쌀 사 와라, 소금 사 와라' 해 보구려. 여보…"

장례를 치르고 난 남편은 앞으로 살아갈 길이 막막했습니다. 그래서 아이들을 데리고 남강에 빠져죽을 결심으로 진주 촉석루矗石樓로 갔습니다. 촉석루에서 남강을 굽어보고 앉았노라니 자신의 운명이 생각할수록 기가 막혔습니다.

그는 흐르는 눈물을 억제하지 못하다가 마침내 엉엉 소리 내어 울었습니다. 그런데 마침 지나가던 사람이 심상치 않은 분위기를 느끼고 다가왔습니다.

"여보시오. 애들을 데리고 여기에 앉아 왜 그렇게 울고 계시오?"

"그럴 일이 있으니 댁의 갈 길이나 가십시오."

"내 보아하니 댁의 행동이 아무래도 심상치 않아 그럽니다. 어디 사정 이야기나 한 번 들어봅시다."

그는 자신의 신세를 죽 이야기한 다음, '이제 마지막으로 아이들과 강에 빠져 죽기 위해 여기에 왔노라'고 말했습니다. 그러자 갑자기 나그네가 사내의 멱살을 움켜쥐고 서너 차례 때리는 것이었습니다.

"아이쿠! 이게 무슨 행패요?"

"이 어리석은 사람아! 그렇다고 저 아이들과 함께 목숨을 끊겠다는 말인가? 정 당신이 키울 능력이 없다면 저기 고래등같은 기와집을 찾아다니며 한 명씩 맡기고, 당신은 절에나 들어가서 살면 될 것 아니오!"

몇 대 얻어맞고 나서 곰곰이 생각하니, '정말 그렇게

하면 살겠구나' 싶었습니다.
"고맙소이다, 나그네 양반."
 사내는 나그네에게 깊이 절하고 동네로 내려가서 부잣집을 찾아다니며 아이들을 하나씩 맡기고, 자신은 절에 들어가서 중이 되었다고 합니다.

※

 이처럼 어려웠던 시절에는 산 입에 거미줄을 치지 않기 위해서 출가하는 경우도 있었습니다. 그리고 살아 있는 것 자체를 감사하게 여기면서 열심히 도를 닦은 이도 많았습니다.
 하여튼 옛날이나 이제나 다르지 않은 것이 하나 있습니다. 그것은 시주와 공양을 받는 이로서 공부를 소홀히 한다면 매우 부끄러운 일이라는 것입니다.
 오히려 요즈음을 사는 승려라면 어려웠던 시절에 그야말로 먹고 살기 위해서 출가한 경우보다 더한 업을 짓는 일입니다.
 실로 요즈음의 절에는 많은 시주금이 들어오고 있습니다. 돈이 자꾸 들어오기 때문에 돈과 관계되는 일이 많아지고, 돈과 관계가 깊어지다 보니 돈에 더욱 집착하게 됩니다.
 또 도를 구하는 수행자 중에 불교에는 관심이 없고 잿

6. 계·정·혜 삼학을 닦으며 133

밥에만 생각이 있는 이들이 왕왕 있습니다. 바로 이것이 부처님을 욕되게 하는 일임을 잊어서는 안 됩니다.

그러므로 불공을 드리고 의식문을 외울 때는 형식적으로 줄줄 외워서는 안 됩니다. 꼭 그 의식문의 뜻을 새기면서 외워야 합니다.

형식적으로 소리만 내고 다른 생각을 하며 외우면 결코 축원이 올바로 이루어질 수 없습니다. 축원문의 내용이 축원 받아야 할 사람에게로 가는 것이 아니라, 엉뚱한 생각이 그 사람에게로 가게 됩니다. 과연 그 결과가 어떻게 되겠습니까?

이와 같은 까닭으로 원효스님께서는 축원을 하는 사람은 축원문의 참뜻을 알아야 하고, 의식문 속에 깃든 깊은 이치를 통달하여 공양을 올리고 불공을 해주어야 한다고 설하신 것입니다.

그래서 옛날에는 천수경처럼 모든 불자들이 달달 외우는 의식문일지라도 부득이한 경우가 아니면 눈을 감고 외우거나 책을 보지 않고 외우지 말라고 하였습니다.

이미 능숙하게 익히고 있는 까닭에 그냥 외우다 보면 잡된 생각에 휩싸이게 되고, 잡된 생각 속으로 빠져들다 보면 참된 불공이나 축원을 하지 못하게 되기 때문에, 일부러 책을 펴놓고 그 내용을 새기면서 외울 것을 권하였던 것입니다.

실로 축원문이나 각종 의식문 속에는 참으로 좋은 가르침들이 가득 담겨 있습니다. 이 가르침들을 잘 새기면 내 공부는 크게 향상되고, 그 가르침을 새기면서 축원을 하게 되면 불보살이나 천신들까지 그 의식에 참석하여 환희할 뿐 아니라, 의식의 당사자에게도 가피를 내려주십니다.

내가 뜻을 새기고 정성을 다하는 축원과 불공. 이것이 모두를 살리고 깨달음의 길로 나아가게 한다는 것을 꼭 기억해 주시기 바랍니다.

추잡하게	사는벌레	사람들이	미워하듯
청정행을	잃은 사문	성현들이	싫어하네
세상 소란	모두 떠나	천상으로	가는 데는
청정 계행	지키는 것	가장 좋은	사다리다

人惡尾蟲을 不辨淨穢하듯　　인오미충 불변정예
聖憎沙門은 不辨淨穢니라　　성증사문 불변정예
棄世間喧하고 乘空天上은　　기세간훤 승공천상
戒爲善梯니라　　　　　　　　계위선제

그러므로　파계한 이　남의 복전　되려 함은
　　거북 업고　날려 하는　날개 꺾인　새 신세라
　　자기 허물　못 벗는데　남의 죄를　어찌하며
　　계행 없이　남의 공양　어찌 감히　받을 건가

　　　是故破戒하고　爲他福田은　　시고파계 위타복전
　　　如折翼鳥가　負龜翔空이라　　여절익조 부구상공
　　　自罪未脫하면　他罪不贖이니　자죄미탈 타죄불속
　　　然豈無戒行코　受他供給이리　연기무계행 수타공급

청정행이 최상의 사다리

　또한 요즘의 승려 중에는 공부에 소홀한 것은 말할 것도 없고 막행막식莫行莫食하면서 부처님이 제정하신 계율 자체까지 부정하는 자들이 있습니다. 그러한 승려가 신라시대에도 있었는 듯 원효스님은 "마치 더럽고 깨끗함을 분별하지 못하고 추잡하게 사는 벌레를 사람들이 미워하듯, 그와 같이 사는 수행자를 성현들도 싫어한다."고 하셨습니다.

　그런데 이 말씀 속의 '미충尾蟲'을 대부분의 사람들은 꼬리 달린 구더기, 꼬리 달린 벌레라고 번역하고 있습니다. 그것은 옳게 새기지 못한 해석입니다. 구더기나

기어다니는 벌레가 깨끗한 것이나 더러운 것을 가리지 못한다는 것은 설득력이 없습니다. 왜냐하면 구더기는 항상 더러운 오물 속에서만 살아갈 뿐, 깨끗한 곳에는 올 일이 없기 때문입니다.

여기서 말하는 미충이란 어느 곳이나 날아다니는 똥파리를 지칭한 것입니다. 그렇다면 똥파리에 왜 '꼬리 미尾' 자를 쓰느냐 하는 것이 문제가 되는데, 그것은 바로 똥파리가 벌레 중에서 제일 못한 벌레이기 때문입니다. '제일 끝 가는 벌레', '제일 말자 벌레'라는 뜻입니다. 그 이유는 바로 똥파리가 깨끗한 곳과 더러운 곳을 전혀 가리지 않기 때문입니다. 오물 위에도 앉았다가, 부처님 코에도 앉았다가, 공양그릇에도 앉았다가 하는 것이 바로 똥파리입니다.

『서장書狀』에도 태말충太末蟲이라는 말이 나옵니다. 태말충이란 바로 끝 가는 벌레라는 뜻으로, 이 미충이라는 말과 같은 말입니다.

　　태말충은 어느 곳에나 능히 앉지만
　　타오르는 불꽃 위에는 앉지 못한다
　　중생의 마음도 어디에나 능히 앉지만
　　반야지혜 위에는 머무르지 못한다

이를 마음에 새겨 잘 사유할지니라
　　　　太末蟲處處能泊　　태말충처처능박
　　　　不能泊火焰之上　　불능박화염지상
　　　　衆生心處處能緣　　중생심처처능연
　　　　不能泊般若之上　　불능박반야지상
　　　　以繫心思惟　　　　이계심사유

　이처럼 깨끗한 곳과 더러운 곳을 가리지 않는 미충을 사람들은 미워합니다. 그리고 청정함과 더러움을 가리지 못하는 사문을 모든 성현들은 싫어합니다.
　다행이 미충이 불꽃 위에 머물지 못하듯, 중생의 마음이 반야의 경지에 이르면 어떠한 번뇌망상도 발붙이지 못하게 됩니다.
　모든 더러움을 다 비워버리고, 계행을 잘 지켜 청정하게 살면서 한 마음으로 불도를 닦고 불교공부를 해보십시오. 마침내 반야의 경지에 이르게 됩니다.
　이어서 원효스님은 "세상의 시끄러움을 모두 털어버리고 천상으로 올라가는 데는 청정계행을 지키는 것이 가장 좋은 사다리"라고 하셨습니다. 이는 꼭 천당을 간다는 말이 아니라, '온갖 시시비비와 희노애락을 다 초월하여 깨달음의 자리에 가 앉는다'는 뜻으로 새겨야 합니다.

원효스님께서 표현하신 이 '승공천상乘空天上'은 곧 불법佛法을 '공문空門'이라 하는 것과 일맥상통합니다. 사찰의 일주문一柱門이 대문 없이 항상 텅 비어 있듯이, 텅 비어 있는 공해탈문空解脫門으로 불법을 표현한 것입니다.

닫는 일도 여는 일도 없이 늘 비어있는 공문으로는 누구든지 들어올 수 있고 나갈 수 있듯이, 누구든지 수행만 잘하면 승공천상하여 걸림 없는 세계로 들어선다는 것입니다.

세상의 분별심을 다 떨쳐버리고 생사대사生死大事를 요달하는 무애지無碍智를 얻게 되면, 일체 걸림이 없는 무애도인無碍道人의 경지에 이르게 되는데, 이러한 경지에 들어서는 것을 천상으로 올라간다고 표현한 것입니다.

그럼 무엇에 의지하여야 이러한 경지에 이르게 되는가? 원효스님께서는 '계戒라는 사다리를 타고 올라가지 않으면 아니 된다'고 하셨습니다. 아울러 스님께서는 "계를 파한 수행자는 다른 사람을 구제하는 복전福田이 될 수 없다."고 하셨습니다.

그렇습니다. 자기 스스로 사다리를 부러뜨려서 아무것도 이룬 것 없이 허물만 가득한 이가 다른 사람을 구제한다는 것은, 마치 날개 꺾인 새가 거북을 등에 업고

날려고 하는 것과 같은 어리석은 짓거리에 불과합니다.

결코 잊지 마십시오. 자신의 허물을 벗지 못한 이가 어찌 다른 이의 허물을 벗겨줄 수가 있을 것이며, 계를 지키지 않고 수행을 게을리 하는 사문이 어떻게 시주의 공양을 받아 복을 싹틔워주는 복밭이 될 수 있겠습니까?

달리 비유한다면 계를 크게 파한 사문은 바다에 빠진 송장과 같습니다.

넓디 넓은 바다, 대해大海는 온갖 것을 다 수용하지만 죽은 송장만은 받아들이지 않습니다. 하루에 밀어내지 못하면 이틀에, 이틀에 밀어내지 못하면 사흘·나흘만에라도 바다는 반드시 송장을 바다 밖으로 밀어내고 맙니다.

그래서 "망망대해에서도 죽은 송장만 있으면 그것을 붙잡고 육지로 나갈 수 있다."는 말이 생겨난 것입니다. 바닷물에 퉁퉁 불은 송장은 물에 뜨게 마련이라, 언젠가는 파도에 밀려 섬이나 육지로 옮겨지기 때문입니다.

이처럼 바다가 아무리 너그럽다 하여도 죽은 송장은 받아들이지 않고 반드시 밀어내고야 말듯이, 파계한 사문은 불법을 수행하는 청정한 도량에 머물 수가 없는 것입니다. 임시는 머물 수 있어도 결국에는 파도에 밀려나가는 송장과 같이 밀려나가게 됩니다.

일제강점기에는 결혼을 한 대처승들이 30여 년 동안 불교계를 장악하였으나, 결국에는 불교정화운동에 의해 모두 밀려나고 말았습니다. 32본산本山이나 유서 깊은 고찰古刹에서는 다 발을 붙이지 못하게 된 것입니다.

불도에 입문한 수행자는 반드시 명심해야 합니다. 계를 지키는 것이 가장 기본이라는 것을! 오직 계를 사다리로 삼아 한 걸음 한 걸음 정상을 향해 올라가노라면, 마침내 부처님의 자리에 이르게 될 날이 온다는 것을 잊지 말고, 계율로써 수행의 갑옷을 삼아야 합니다.

거듭 당부드리건대 적어도 내가 맑지 못하다면 맑은 척하며 살지 마십시오. 파계를 한 몸으로 남을 구제하려 하지 마십시오. 무엇보다 앞서는 것은 맑음입니다. 청정행입니다. 계행을 지키며 맑게 사는 것입니다.

계율을 잘 지키며 맑게만 살면, 청정하게만 살면, 저절로 공空을 체득할 수 있고 공문空門 속으로 들어가 해탈할 수 있습니다. 그리고 능히 남의 복밭이 될 수 있고 남을 능히 축원할 수 있는 능력을 갖추게 되며, 불보살님의 찬탄을 받으면서 살 수 있게 됩니다.

그 날까지, 부디 맑게 또 맑게 살아가시기를 당부드리고 또 당부드립니다.

7. 큰 복을 이루려면

행이 없는　헛된 몸은　돌보아도　이익 없고
무상 속의　뜬 목숨은　아껴본들　쓸데 없다
용상의 덕　바라거든　오랜 고행　능히 참고
사자좌를　기대하면　욕심 쾌락　버릴지라

無行空身은　養無利益이요　　무행공신 양무이익
無常浮命은　愛惜不保니라　　무상부명 애석불보
望龍象德하야　能忍長苦하고　망용상덕 능인장고
期獅子座하야　永背欲樂이니라　기사자좌 영배욕락

참된 복 짓기

원효스님께서는 "행이 없는 헛된 몸은 돌보아도 이익 없고, 무상 속의 뜬 목숨은 아껴본들 쓸 데 없다."고 하였습니다. 이 구절은 우리에게 '어떻게 사는 것이 잘 사는 것인가'를 깨우쳐 주고 있습니다.

잘 사는 것에 대한 견해는 사람마다, 집단마다 다릅니다. 그렇다면 불교에서는 어떻게 주장하는가? 불교에서는 어디까지나 깨달음으로써 법칙을 삼습니다.

우리가 '복福을 짓는다'는 말들을 많이 하지만, 깨달음을 얻는 것이 가장 큰 복을 짓는 일이고, 가장 지혜롭게 사는 방법입니다.

복! 복은 어떻게 해야 찾아듭니까? 지혜로써 우치愚癡를 다스리고 자비심으로 분노심을 다스리면 복은 저절로 찾아듭니다.

복에도 유위복有爲福과 무위복無爲福의 두 가지가 있습니다.

유위복은 어려운 사람들을 도와주고 여러 가지 선행을 하였을 때 얻게 되는 복입니다. 우리 모두는 복전福田을 가지고 있는데, 이 마음의 밭에 선행을 심으면 복이 풍성해집니다. 밭에다 좋은 씨앗을 뿌리면 좋은 작물이 자라나듯이….

이 유위복에도 여러 가지가 있습니다. 글 잘하는 사람은 문복文福이 있다 하고, 돈이 많은 사람은 재복財福, 장가 잘 간 사람은 처복妻福, 이빨 좋은 사람은 치복齒福이 있다고 합니다. 이처럼 온갖 종류의 복이 우리 주위에 가득 널려 있습니다.

그런데 이상하게도 공부는 못하지만 벼슬을 잘하는 사람이 있는가 하면, 공부는 잘해도 벼슬운이나 관복官福은 없는 사람들이 있습니다. 별로 노력을 하지 않는데도 돈이 저절로 굴러들어오는 사람이 있는가 하면, 아무리 애를 써도 가난을 면하지 못하는 사람들이 있습니다.

왜 이렇게 된 것인가? 현생 탓보다는 전생의 영향이 큽니다. 전생에 지은 대로 받는 것이기 때문에, 지금 그 복을 탓한다 하여도 어쩔 수가 없습니다. "큰 부자는 하늘이 내리고 작은 부자는 부지런한 데서 온다(大富在天 小富勤勉)."고 한 말도 이것과 같은 맥락에서 나온 말입니다.

유위의 복은 그냥 오는 것이 아닙니다. 가꾸어야 합니다. 특히 부처님께서는 많은 복밭 중에서 8복전八福田을 가꿀 것을 강조하셨습니다.

① 물 없는 곳에 샘을 파서 물을 공급해 주는 복
② 강에 다리를 놓아 쉽게 건너갈 수 있게 하는 복
③ 험한 길을 닦아 사람들이 잘 다니도록 하는 복
④ 부모에게 효도하고 잘 봉양하는 복
⑤ 병든 이를 잘 돌보아 주는 복
⑥ 가난한 이를 도와주는 복

⑦ 불법승 삼보를 공경하고 공양하는 복
⑧ 사람들에게 법문을 알려주는 복

이 여덟 가지는 모두 큰 복을 짓는 일인데, 우리나라의 경우라면 ①②③은 나라에서 책임지고 있으며, ⑤와 ⑥도 국가적인 차원에서 점점 더 잘하고 있습니다. 그러므로 개별적으로 큰 복을 짓고자 하면, ④ 부모봉양 ⑦ 삼보공경 ⑧ 법문전파에 마음을 쏟아야 합니다.

그런데 이제까지 설명한 복은 모두가 유위복有爲福입니다. 유위복이란 '함이 있는 복, 셈이 있는 복, 회계가 가능한 복'이라는 뜻입니다.

상相에 머무르는 그 복은 능히 천상의 행복을 누릴 수 있게 하지만, 그 복이 다하면 딴 곳으로 윤회합니다. 이 복은 만큼 올라갈 때까지 올라가다가 복력福力이 다하면 도로 떨어지게 마련인 것입니다. 마치 올라갔다가 도로 떨어지는 화살과 같이….

이에 비해 **무위복**, 마음을 깨우친 복, 깨달음을 얻어서 턱하니 짓고 받는 오심지복悟心之福은 꿈을 깬 복입니다. 상에 머무는 유위복은 꿈속의 복과 같고 깨달은 복은 꿈을 깬 사람이 짓는 복과 같습니다.

그래서 『금강경』에 이르기를, "삼천대천세계에 칠보七寶로 보시하는 것보다 금강경 사구게四句偈 한 구절을 일러주는 것이 낫다"고 하였습니다. 그렇다고 하여 『금강경』의 내용을 줄줄 읊어서 일러주는 것이 복이 된다는 말은 아닙니다. 그 내용을 깊이 깨달아야 복이 되는 것이고, 그 참뜻을 이해시켜야 진짜 복이 되는 것입니다.

『금강경』 사구게에서, "모양이 있는 것은 다 허망하다〔凡所有相 皆是虛妄〕"고 하였지만, 허망하다는 말만 들려준다고 하여 무상함을 절감할 수는 없습니다. 확신이 서게 해주어야 합니다.

참으로 허망한 것을 깨우치되, 팔순의 할머니와 스무살 처녀를 동등하게 대할 수 있도록 만들어야 하고, 부자와 가난한 사람에 대한 마음이 같도록 이끌어야 합니다. 이쪽은 예쁘고 저 쪽은 밉다, 부자는 좋고 가난한 이는 싫다는 차별심이 있으면 말로만 허망한 것일 뿐입니다.

그러나 확신을 심어줄 수만 있다면, 『금강경』의 말씀대로 삼천대천세계에 칠보로써 보시한 것보다 더 많은 복을 짓는 일이 됩니다. 그야말로 복 짓는 일 중에 확신을 얻고 깨달음을 얻을 수 있도록 해 주는 복이 가장 큰 복인 것입니다.

꼭 돈이 있어야 보시를 하고 복 짓는 일을 잘 할 수 있는 것이 아닙니다. 앞에서도 '보시布施에 재시財施 · 법시法施・무외시無畏施가 있는데, 그 중에서 무외시가 제일 큰 것'이라는 이야기를 하였습니다. 중생에게 두려움 없는 편안한 마음을 주는 **무외시**야말로 최상의 보시이고 가장 좋은 복을 짓는 일입니다.

어떤 사람에게 어려운 일이 닥쳐서 '아이구, 이걸 어떻게 하나' 할 때 '어떻게 하긴 무엇을 어떻게 해? 이러이러하니 걱정할 것 없어' 하면서 안심시켜 주는 것, '이러다가 내가 죽는 게 아닐까' 할 때 '그런 염려 말아. 오히려 이러이러한 이유 때문에 복을 누리게 된다'고 하면서 마음을 편안하게 만들어주는 것이 바로 무외시입니다.

불보살에 대한 믿음 또한 마찬가지입니다. '관세음보살님께서 항상 나와 함께 하신다'고 믿으면 총알이 빗방울처럼 날리는 전쟁터에 나가도 걱정할 것이 하나도 없습니다.

❂

일제 때의 김석원(金錫源, 1893~1978)장군은 매일 시간이 날 때마다『관세음보살몽수경觀世音菩薩夢授經』을 외웠습니다. 그런데 1937년의 중일전쟁 때, 장군은 산서성山西省 전투에서 가슴에 총탄을 맞고 그 자리에서 쓰러졌습니다.

7. 큰 복을 이루려면 147

잠시 뒤 정신을 차리고 일어나보니 하나도 다친 데가 없이 멀쩡하였습니다. 이상히 여겨 자세히 살펴보았더니 가슴에 넣고 다닌 관세음보살 호신불護身佛에만 구멍이 뚫려 있었습니다.

이러한 기적이 모두 관세음보살의 보살핌 때문이라는 것을 깨달은 장군은 그날부터 하루에 만 번씩 관세음보살을 불렀습니다. 사무를 보면서도 관세음보살, 전쟁터에서도 관세음보살을 불러, 잠시도 입에서 관세음보살을 떼는 적이 없었다고 합니다.

§

이처럼 깊은 믿음이 생기면 두려울 것이 없어지게 됩니다. 그것이 바로 무외시입니다. 우리들 또한 주위의 사람들에게 평화로움을 안겨주는 무외를 보시한다면, 그것보다 더 큰 복을 찾기란 실로 어렵습니다.

이 무외시 다음으로는 법法을 보시하는 것이 큰 복이며, 재물보시는 형편에 따라 있으면 하고 없으면 하지 않을 수도 있습니다. 또 경제적인 형편이 안되더라도 직접 노력봉사를 하게 되면 그것이 곧 재물보시가 되는 것입니다.

"이 세상에 태어나서 아무 것도 해 놓은 일 없이 그냥 가면 청산靑山이 웃고 녹수綠水가 찡그릴 것이다."

사람들은 이 옛말을 즐겨 인용합니다. 이 세상에 태어났으면 무엇이든 한 가지는 잘 해놓고 가야 된다는 뜻입니다.

그러나 '무엇을 해 놓고 가겠다' 는 집착에 빠져 살기보다는, 한 생각 한 마음을 쉬어갈 줄 알아야 합니다. 실제로 무엇을 이루어내는 것보다, 쉴 줄 아는 것이 더 어렵습니다. 잘하기 보다는 잘 안하기가 더 어려운 법입니다.

특히 '가장 잘한다' 는 것은 끝이 없습니다. 내가 아무리 잘한다고 해도 나보다 더 잘하는 이가 나오게 마련이고, 또 그 사람보다 뛰어난 이가 나오게 됩니다. 하여, 끝까지 잘하기는 아주 힘든 것입니다.

그러나 아주 안 해 버리거나 아주 못해버리면, 아주 못 하는 것 하나는 아주 잘하는 것이 됩니다. 이것이 진짜 도 닦는 이들의 일입니다. 그러므로 잘 해야겠다는 집착에 빠져 살지 말고, 순수한 마음으로 그냥 내 할 바를 묵묵히 하면서 사는 자세가 더 필요합니다.

오히려 어리숙한 듯한 순수한 마음으로 부처님의 가르침을 실천하면서 살아가면 이 세상에서 가장 큰 복이 찾아들게 됩니다. 어찌 헛된 몸과 무상 속의 뜬 목숨을 위해 투쟁일변도의 삶을 살 것입니까?

사자좌에 오를 그날까지

이에 원효스님은 "용상龍象의 덕을 바라거든 오랜 고행을 능히 참아라."고 하셨습니다. 여기서 용龍은 부처님이나 조사祖師·선지식善知識을 뜻하고, 상(象:코끼리)은 실다이 배우는 진실한 학자를 지칭하는 말이며, 합하여 '용상'이라 하면 덕이 높은 스승을 의미하게 됩니다.

용과 코끼리가 모든 짐승 가운데서 뛰어나듯, 모든 사람들 가운데서 뛰어난 큰스승을 용상이라 하는 것입니다. 여기서 잠시 용과 코끼리에 대해 살펴봅시다. 그럼 자연스럽게 큰스승이 어떠한 분이라는 것을 알 수 있게 될 것입니다.

일찍이 부처님께서는 당신 스스로를 일컬어 용 중의 용인 대룡大龍이라 표현한 적이 있습니다.

부처님 당시에 부처님의 자리를 탐내던 사촌 데바닷타는 기회만 있으면 부처님을 해치기 위해 갖은 수단과 방법을 동원하였습니다.

어느 날 부처님과 천이백 제자들이 좁은 골목길을 걸어가고 있었습니다. 데바닷타는 몸집이 거대하고 성질이 사나운 코끼리에게 술을 먹인 다음, 꼬리에 불을 붙인 솜방망이를 달아 골목 안으로 몰아부쳤습니다. 성질이 난폭한 데다 술까지 취한 코끼리는 물불을 가리지 않고 돌진했습니다. 더욱이 꼬리에 매달린 불덩이가 뜨거워서 미친 듯이 날뛰었습니다.

좁은 골목길에 피할 틈도 없이 코끼리의 발에 밟히거나 불에 타서 죽을 위기에 놓이게 되자, 제자들은 모두 당황하여 우왕좌왕하였습니다. 순간 부처님은 똑바로 서서 코끼리를 쳐다보며 다섯 손가락을 활짝 펴 보이셨습니다.

"막해대룡莫害大龍하라, 막해대룡하라! 대룡난출생大龍難出生이니라!"

'큰 용을 해치지 말라, 큰 용을 해치지 말라. 큰 용은 세상에 나기 어렵나니라.' 이렇게 말씀하신 것입니다. 부처님의 말씀이 떨어지기가 무섭게 미쳐 날뛰던 코끼리는 그 자리에 퍽 주저앉아 버렸습니다. 그리고는 코를 죽 늘어뜨리고 눈물을 뚝뚝 흘리더니 잠이 들었습니다.

§

이처럼 부처님께서는 당신을 '대룡'이라고 하신 적이 있습니다.

용은 물에서도 살고 육지에서도 살고 허공에서도 사는 이상적인 동물입니다. 게다가 구름을 일으키고 비를 내려주어 대지의 메마른 초목에 생기를 주고 만물을 윤택하게 하며, 시원한 그늘을 제공해 줍니다. 따라서 비록 상상의 동물이기는 하지만 용은 동물 중에서 가장 이상적인 동물로 인식되고 있습니다.

여의주를 지닌 용이 자유와 자재로움의 상징이듯이, 우리의 마음 또한 한없이 자재롭습니다. 그런데도 그 마음이 무엇인가에 걸려 가지도 오지도 못하는 경우가 너무나 많습니다.

그러나 부처님과 훌륭한 스승님들은 다릅니다. 그 분들은 마음의 해탈을 얻어 자유자재합니다. 마음에 걸리는 것이 없고 괴로움이라는 것도 아예 없습니다. 생각생각이 보리심이기 때문에 가는 곳마다 안락한 세상일 뿐입니다〔念念菩提心 處處安樂國 염념보리심 처처안락국〕.

언제나 입가에는 미소가 우러나오고, 가슴에는 항상 밝은 태양이 자리하고 있으며 늘 희망과 용기로 가득차 있으니, 기쁘고 즐겁고 편안할 뿐입니다. 괴롭다거나 슬프다거나 화가 난다거나 하는 것은 있을 수가 없습니다. 이러한 마음의 자유자재한 경지를 용에다 비유한 것입니다.

다음으로 **코끼리**〔象〕는 짐승 가운데서 가장 덩치가 큰 동물입니다. 몸집은 그렇게 크지만 목이 없기 때문에 앞만 보고 가지, 옆이나 뒤를 헤딱헤딱 돌아보는 법이 없습니다.

이 코끼리의 성품과 가장 대조적인 것은 바로 여우입니다. 여우는 잠시도 가만히 있지 않고 헤딱헤딱 뒤를 돌아봅니다. 도망을 갈 때도 뒤돌아보지 말고 그냥 뛰어가면 될 텐데, 마음이 바빠서 자꾸 뒤돌아보다가 붙잡히는 수가 있습니다.

강을 건널 때도 여우나 개와 같은 동물들은 헤부작헤부작하는 개헤엄을 치기 때문에, 작은 냇가는 건너가지만 큰 강은 건너갈 수가 없습니다. 이에 비해 코끼리는 강을 건널 때 절대로 서두는 법이 없습니다.

먼저 긴 코를 물에 담가서 깊이를 재어봅니다. 그래서 코가 닿지 않으면 아예 들어갈 생각도 하지 않고 조금이라도 물이 얕은 상류 쪽으로 올라갑니다. 강을 죽 따라 올라가면서 자꾸 재어보는데, 코가 땅바닥에 닿아도 그냥 건너지는 않습니다. 먼저 한 발을 조심스럽게 넣어 바닥이 수렁인지 단단한 것인지를 확인합니다. 이때도 나머지 세 발은 딱 버티고 서서 한 쪽 발로 단단히 다져본 다음에 또 한 발을 디뎌 넣는 것입니다.

이것을 '도강섭해 기어답지〔渡江涉海 期於踏地〕'라 합니다. 강을 건너고 바다를 건너갈 때 기어코 땅을 밟고서 건너간다는 것입니다. 실력을 쌓지 아니하고 얼렁뚱땅 모르는 것을 아는 척하여 넘어간다든지, 어물쩍하니 도를 알지도 못하면서 깨달았다고 하는 일이 없다는 뜻입니다.

실력實力은 실다운 힘으로, 신기로운 힘(神力)과 통합니다. 분명하게 알 때 완전히 내 것이 되고 온전히 힘을 발휘할 수 있습니다. 어찌 내 것이 되지 않았는데 '참으로 아는 것'이라 할 수가 있겠습니까?

귀로 듣고 입으로 나오는 지식知識은 내 것이라고 할 수가 없습니다. 지식의 '알 지(知)'는 화살 시(矢) 변에 입 구(口)를 더한 것으로, 화살처럼 귀로 쏙 들어왔다가 입으로 쏙 나와 버리는 것은 참된 가치가 없다는 뜻을 담고 있습니다.

그러나 코끼리는 실천실답實踐實踏하는 동물입니다. 학자가 공부를 하는 것도 그처럼 실다이 정진해서 실다이 깨달아야지, 얼렁뚱땅하게 모르는 것을 아는 척하는 일은 있을 수 없다는 것입니다.

이상과 같은 용상의 덕을 바라고자 하면 결코 가벼워서는 안 됩니다. 조금 힘들다고 쉽게 포기하면 안 됩니다. '부처님과 큰스승께서 나에게 내리는 시련이다' 하면서, 어떠한 어려움이든 잘 참고 넘겨야 합니다.

깨달음과 진정한 해탈을 이루기 위해 자신을 더욱 부지런히 갈고 닦아야 합니다. 사람들의 존경을 받을 자격이 충분히 갖추어져야 합니다. 그러기 위해서는 역경逆境과 순경順境 속의 모든 고행을 잘 참고 견뎌야 합니다.

특히 순경에 해당하는 욕심과 쾌락을 잘 넘어서야 합니다. 이에 원효스님께서는 "사자좌를 기약하려거든 욕심과 쾌락을 버려라."고 하셨습니다.

'사자의 자리〔獅子座〕'라고 함은 최고, 최상의 높은 자리라는 뜻입니다. 사자는 모든 동물의 왕입니다. 덩치는 코끼리보다 작지만 소리는 사자의 소리가 가장 큽니다.

사자가 얼마나 강한 동물인지, 암사자의 젖을 유리그릇에 담으면 그릇이 터져버린다고 합니다. 그리고 진짜인지는 모르지만 다른 동물들이 사자젖을 먹으면 창자가 녹아버린다는 말이 있습니다. 실제인지는 몰라도 그만큼 사자의 젖이 강하고 독하다는 것입니다. 그러나 사자새끼들은 그것을 먹어도 끄떡이 없고, 또 그것을 먹어야만 성장할 수 있습니다.

예부터 불교에서는 부처님을 사자에, 제자들을 사자새끼에 비유하고 있습니다. 그리고 사자좌獅子座라 하면 부처님께서 앉는 최고 최상의 자리를 가리킵니다.

　비록 사자가 새끼일 때는 힘이 없지만 세 살만 먹으면 능히 포효하여 뭇짐승들을 위압할 수 있습니다. 여우가 사자를 따라가고자 하지만, 백년 묵은 여우라도 결코 사자소리를 낼 수가 없습니다. 우리 불자들은 이것을 분명히 알고 마음을 굳건히 다져야 합니다.

　사자왕의 자리, 곧 불조佛祖의 자리에 앉고자 하는 출가사문이 불과 몇 십 년 밖에 되지 않는 세월 동안의 욕락을 참지 못하여서야 되겠습니까? 물거품과 같은 욕심과 쾌락을 참으면 큰 복을 성취하여 부처자리를 반드시 기약할 수 있습니다.

　그리고 욕심과 쾌락을 완전히 버릴 수 없는 세속에 살고 있는 분들도, 적절하게 욕락을 조절하면서 능력껏 복을 지어가면 능히 사자좌에 앉을 날을 기약할 수 있습니다.

　불자들이여, 부디 '나 자신이 바로 사자새끼'임을 명심하시어, 사자좌에 오를 그 날까지 사자새끼답게 열심히 정진하시기를 두 손 모아 축원드립니다. 아울러 사자좌를 향한 사자새끼의 정진이 최상의 복을 닦는 일이라는 것을 꼭 기억해 주시기를 당부드립니다.

8. 선신들이 돕는 사람

행자 마음 깨끗하면 천신들이 찬탄하고
도 닦는 이 탐색하면 선신들이 떠나가네
사대로 된 흩어질 몸 얼마동안 보존할까
해는 금방 저무나니 어서 빨리 마음 닦자

行者心淨하면 諸天共讚하고   행자심정 제천공찬
道人戀色하면 善神捨離니라   도인연색 선신사리
四大忽散이라 不保久住니   사대홀산 불보구주
今日夕矣라 頗行朝哉인저   금일석의 파행조재

선신들이 먼저 안다

 부처님을 믿는 이의 마음이 깨끗하면 모든 하늘이 찬탄하여 아무리 어려운 곳에 있어도 어려움이 없게 되고 불행하게 죽는 일이 없습니다. 총알이 쏟아지는 전쟁터라 할지라도 능히 죽음을 넘어서게 되고, 횡액橫厄을 당하는 일이 일어나지 않습니다.

반면에 도를 닦는 이가 색을 탐하면서 청정하지 못하게 살면 선신善神이 떠나가 버려서 아무리 편안한 곳에 있어도 마음이 불안하고, 마침내는 각종 횡액에 시달리다가 죽음을 맞이하게 됩니다.

먼저 이 두 가지에 해당하는 각각의 이야기를 살펴봅시다.

제주도 약천사를 건립한 나의 상좌 혜인慧印스님이 백만 배를 하기 전, 군대에 있을 때의 일입니다.

그때만 하더라도 5·16 직후라서 군대가 요즘처럼 편안하지 못하고 아주 고될 때였습니다. 기합도 매우 심하여, 걸핏하면 군기가 빠졌다고 하면서 방망이가 부러질 때까지 엉덩이를 때렸습니다. 사소한 실수라도 그냥 넘어가지 않고 인정사정없이 두들겨 팼습니다.

이러한 시절에 혜인스님은 늘 관세음보살을 부르고 마음을 닦으면서 군복무를 하였습니다. 훈련을 받으면서 '하나 둘 셋 넷' 구령을 붙일 때에도 '관-세음-보-살'을 외웠습니다.

어느 날 혜인스님은 그 당시의 군대에서 볼 때 크게

군기가 빠진 실수를 저지르고 말았습니다. 연탄을 밖에 꺼내어 놓았다가 잊어버리고 갖다 넣지 않은 것입니다. 더욱이 그것을 본 사람이 대대장이었기에, '이제 모조리 호된 단체기합을 받겠구나' 하면서 '관세음보살'을 외우며 조바심에 떨고 있었습니다. 그런데 어찌된 셈인지 기합을 받지 않고 그냥 넘어갔습니다.

또 한 번은 난폭하기로 이름난 상사에게 소대 전체가 기합을 받게 되었습니다. 그 상사는 '손이 근질근질하던 차에 잘 되었다'고 하면서 처음부터 한 명씩 두들겨 패기 시작했습니다. 그 센 주먹으로 있는 힘을 다해 때리니 맞은 사람들은 모두 쓰러지고 뒹굴고 난리가 났습니다. 마침내 혜인스님이 맞을 차례가 되었는데, 갑자기 장교가 달려오더니 소리쳤습니다.

"이 자식! 또 패는구나!"

그래서 기합이 중단되었습니다. 그것도 한 두 번이 아니라 매번 혜인스님 앞까지 와서 기합이 중단되는 일이 생기곤 하는 것이었습니다.

어느 날 밤 혜인스님은 관세음보살과 화엄성중을 부르다가 잠에 들었는데, 수백 명이 모인 연병장 앞으로 나아가 법문을 하고 일장 연설을 하는 꿈을 꾸었습니다.

그 이튿날 아침, 부대 전체가 연병장에 모여 서 있는

데, 어디서 짚차 하나가 오더니 혜인스님을 불러내었습니다. '어쩐 일인가' 하며 앞으로 나갔더니, 붓글씨를 잘 쓴다고 육군본부에 가서 상장 쓰는 일을 맡아보라는 것이었습니다. 그래서 하루에 오십 장씩, 백 장씩 글씨 쓰는 연습을 하였습니다.

사실 그전까지는 붓글씨를 잘 쓰지 못하였는데, 그때 연습을 실컷 하여 한글 붓글씨가 많이 늘었다고 합니다. 이처럼 혜인스님은 그 힘든 시절에 붓글씨를 쓰면서 편안하게 군복무를 마쳤으니, 기도 잘하고 마음이 맑은 사람은 선신들이 돌보아주기 마련인 것입니다.

한국전쟁 때 합천지방으로 인민군 3천여 명이 들어왔는데, 그때 김천 수도암修道庵으로 도망을 간 승려가 있었습니다. 아무도 없는 수도암에 혼자 숨어있었는데, 어느 날 공산당 부녀부장이 찾아왔고, 서로 마음이 통하게 되었습니다.

두 사람은 암자에 함께 살면서 정을 나누곤 하였는데, 어떤 스님이 수도암에 왔다가 현장을 목격하고 간곡히 충고했습니다.

"더 이상은 죄를 짓지 말고 저 여자를 멀리하십시오. 스님께서 떠나시면 됩니다. 꼭 그렇게 하십시오."

그러나 이미 색에 깊이 빠져버린 승려는 그 말을 듣지 않고 계속 암자에 머물면서 여인과 사랑을 나누었고, 어느 날 불시에 들이닥친 공산당원의 총을 맞아 둘 다 죽고 말았습니다. 도를 닦는 이가 색을 탐하였기 때문에 선신善神들이 멀리 떠나버렸던 것입니다.

모든 일은 인과因果의 연속이요, 나는 내가 다스리지 않으면 안 됩니다. 한평생을 살아가는 동안 어려운 일이나 나쁜 일이 닥치면, '아, 선신이 나를 옹호하지 않아서 시련을 겪는구나' 생각하고 자신을 돌아볼 줄 알아야 합니다.

또한 어려운 일이나 나쁜 일이 닥칠 것 같았는데 용하게도 면하게 되면 '선신이 나를 옹호해 주셔서 그렇구나' 하면서 더욱더 열심히 살고 바르게 정진해야 합니다.

모든 일에서 이렇게만 생각하면 됩니다. '나의 잘잘못에 따라 선신이 함께하고 함께하지 않는다' 는 것을 확신하며 살아가면 틀림없이 도가 무르익게 되는 것입니다.

내가 즐겨하는 또 한 가지 이야기를 하겠습니다.

당나라 마조馬祖스님의 제자인 염관제안鹽官齊安 선사

라는 큰스님이 있었습니다.

 어느 날 무심하게 방밖을 내다보는데, 선방 수좌首座 두 명이 멀리 법당 축대 옆을 왔다갔다 하면서 경행經行을 하고 있는 모습이 눈에 들어왔습니다. 그런데 갑자기 향기가 진동을 하더니 제천선신諸天善神들이 오색의 구름을 타고 와서 두 수좌에게 합장배례 하는 것이었습니다. 도력이 높은 염관선사인지라, 남들이 보지 못하는 것을 본 것입니다.

 '무슨 이야기들을 나누었길래 저렇듯 여러 하늘의 선신들이 함께 찬탄하는 것일까?'

 이렇게 생각하며 묵묵히 지켜보고 있는데, 얼마 지나지 않아 제천선신들이 하나둘 모두 떠나고 시커먼 돼지귀신들이 추한 냄새를 풍기면서 몰려왔습니다. 돼지들은 쿵쿵거리고 바닥에다 침을 툭툭 뱉으면서 얼룩진 발자국을 남기며 두 수좌를 쫓아다녔습니다.

 '참으로 이상한 일이로구나.'

 염관선사는 두 수좌를 불러 물었습니다.

 "무슨 이야기를 나누고 있었더냐?"

 "처음에는 『법화경』이야기를 하였습니다. 우리가 진흙 속에서도 항상 깨끗한 연꽃과 같이 처염상정處染常淨의 삶을 살게 되었으니 얼마나 다행한 일인가를 말하였습니다. 그리고 불법을 믿으며 느꼈던 환희심에 대해서도 이야기를 나누었습니다."

"나중에는?"

"그러다가 나중에는, '참선 공부가 밑도 끝도 없는지 아무리 해 봐도 별다른 진전이 없다'고 하면서, 이런저런 푸념들을 늘어놓았습니다. '마을의 아무개 아가씨가 나를 좋아하는데 장가가서 아옹다옹 살면 더 재미있지 않을까' 등의 이야기들을 농담으로 하였습니다."

"알았다."

선사는 법좌法座에 올라 대중들에게 그 이야기를 들려주며 한 편의 게송을 읊었습니다.

어두운 방안에 보는 사람 없다고 말하지 마라
신의 눈은 번개같아 작은 것도 놓치지 않기에
정성 다해 예배하고 지극히 호위를 하다가
발연히 노하고 꾸짖으며 발자취를 지우느니라

莫道暗室無人見 막도암실무인견
神目如電毫不漏 신목여전호불루
盡意虔誠極護衛 진의건성극호위
勃然怒罵掃脚跡 발연노매소각적

이 이야기는 '마음이 깨끗하면 천신들이 찬양하고 마음이 흐트러지면 선신이 떠나버린다'는 것을 그대로 나타내 보인 것입니다.

 물론 도를 닦는 이들도 인간이기 때문에 잘못을 저지를 수 있습니다. 그런데 잘못을 금방 뉘우치고 고치고자 하면 그 허물을 용서받을 수 있습니다.

 특히 큰스님들은 마음이 항상 청정하기 때문에 언제나 제천諸天의 옹호를 받습니다. 뿐만 아니라 마음이 지극히 청정하면 옷에도 때가 잘 묻지 않는다고 합니다.

※

 조선시대 후기에 함양 영각사靈覺寺에 설파(雪坡, 1707~1791, 법명은 尙彦)라는 고승이 있었습니다.

 평소『화엄경』을 깊이 연구하였던 스님은『화엄경』의 내용을 요약하여『화엄대과華嚴大科』라는 책을 저술했습니다. 때마침 잘 아는 관리가 중국의 사신으로 간다고 하였으므로 그 책을 '낙안樂安 징광사澄光寺 방장스님에게 보여드릴 것'을 부탁했습니다. 징광사의 방장스님이 화엄학의 대고승으로 널리 알려져 있었기 때문에 한번 보여드리고 싶었던 것입니다.

 그런데 사신이 중국 징광사에 가서 그 책을 꺼내어 보니, 표지 글씨가 주먹뎅이처럼 뭉툭한 것이 영 볼품이 없었습니다. 그는 이대로 갖다드려서는 안되겠다는 생각이 들었습니다.

'속 알맹이는 할 수 없고 표지라도 다시 써서 보여드려야지.'

그리고는 자신이 '화엄대과'라고 근사하게 써서 방장스님께 가지고 갔습니다.

"조선의 설파라는 학승이 『화엄대과』를 지었는데, 노스님께 보여드리라고 하여 이렇게 가지고 왔습니다."

"음, 그래?"

방장스님은 만져보거나 재껴보기는커녕, 힐끗 쳐다보고는 두 번 다시 눈길조차 주지 않는 것이었습니다. 그래서 이튿날 또 가 보았지만 열어본 흔적이 없었습니다. 다음날 또 가 보아도 그냥 그대로 객실에 놓여있을 뿐이었습니다.

'거참 이상하다. 사람을 무시하는 것인가? 아무리 그래도 한 번 넘겨라도 봐야 될 게 아닌가?'

그날 저녁 사신의 꿈에 설파스님이 나타나서 단 한 마디만 하고 사라졌습니다.

"화엄대과라…."

일어나서 곰곰이 생각해보니, 갑자기 책의 표지를 바꾸었던 것이 마음에 걸렸습니다. 그래서 휴지통을 뒤

져보니 처음의 책표지가 그대로 있었습니다. 사신은 방장스님의 객실로 가서 책을 몰래 가지고 온 뒤, 처음의 표지로 갈아 끼웠습니다. 그리고 방장스님께 보여드리면서 마치 처음인 것처럼 말했습니다.

"조선의 설파라는 학승이 『화엄대과』를 지었는데, 노스님께 보여드리라고 하여 이렇게 가지고 왔습니다."

"음, 그래?"

한번 힐끗 책에다 눈을 주던 방장스님은 깜짝 놀라 소리쳤습니다.

"시자야! 여기 얼른 향상香床을 가지고 오너라!"

시자가 상에다 향로를 받쳐서 가지고 오자, 책을 상 위에 올려놓고 세 번 절을 하였습니다. 그리고는 책을 넘겨보며 감탄했습니다.

"오! 동방 소국에 이구지보살離垢地菩薩이 출현하셨구나. 부디 이 분을 지극정성으로 모셔야 하네!"

이구지보살이라 함은 십지보살 중에서 초지 환희지歡喜地 다음의 제2지 이구지에 이른 보살을 가리킵니다. 이구지보살은 일체의 때가 묻지 않은 경지에 이른 분으로, 마음의 때가 없으므로 몸에도 때가 묻지 않을 뿐더러, 옷을 빨아 입지 않아도 항상 새 옷처럼 깨끗하다고 합니다.

사신은 귀국하여 설파스님을 자세히 살펴보았는데, 한참 입고 벗어놓은 옷에 때가 조금도 묻어있지 않았다고 합니다.

그 뒤 설파 스님은 80권본『화엄경』을 목판에 새겼습니다. 그때만 해도 경제적 사정이 매우 어려웠던지라, 방대한 화엄경판을 새기기 위해서는 많은 경비가 필요했습니다. 그래서 돈 있는 이들을 찾아가 시주도 많이 받고 노력봉사도 많이 받아 완성을 보게 되었습니다.

그런데 경판을 다 만들고 나자, 그때부터 설파스님의 옷에 때가 묻는 것이었습니다. 이에 설파스님이 말씀하셨습니다.

"옷을 걷고 물을 건너간다고 하여 어찌 다리가 젖지 않을까 보냐."

이 얼마나 무서운 말씀입니까? 후세 중생을 위하여 경판을 찍기는 하였지만, 여러 가지 빚과 업을 짓게 되었으니 그만큼 때가 묻게 되었다는 뜻입니다. 깊이 음미해 보기 바랍니다.

✿

중국 종남산에 계셨던 도선율사道宣律師는 어느 날 밤 길을 가다가 돌부리에 걸려 앞으로 고꾸라졌습니다. 그때 누군가가 뒤에서 일으켜주었는데, 갑옷을 입고 장군의 모습을 한 건장한 사람이었습니다.

"그대는 누구인가?"

"저는 북방 비사문천왕의 아들 장경이옵니다."

"그대가 어쩐 일인가?"

"스님의 계행이 청정하고 스님의 마음이 바로 불심과 통하기 때문에, 스님을 보호하기 위해 늘 따라다니고 있습니다."

"그렇다면 내가 넘어지기 전에 붙들어야지, 넘어지고 나서 일으키면 무슨 소용이 있느냐?"

"제 마음 같아서는 항상 스님을 곁에서 부축하며 모시고 싶지만, 스님 몸에서 나는 구린내 때문에 30보쯤 떨어져서 따라다니고 있습니다. 30보 뒤에서 스님이 넘어지는 것을 보고 얼른 쫓아오다보니 조금 늦었습니다."

"내 몸에서 구린내가 나다니? 내 몸에 똥이라도 묻었다는 것이냐?"

"그렇습니다. 스님께서 뒷물을 하시지 않기 때문에 몸에서 구린내가 나는 것입니다."

대변을 본 뒤에 물로 잘 씻지 않으면 입측오주入廁五呪라도 해야하는데, 두 가지 다 하지 않아 냄새가 난다는 것이었습니다.

"허허 참, 그런 허물이 나에게 있었다니…. 이제부터는 꼭 해야겠구나."

그래서 스님은 그 이튿날부터 입측오주를 하고 손을 일곱 번씩 씻었다고 하며, 장경장군도 스님을 바로 곁에서 잘 모셨다고 합니다.

🙊

이상과 같은 이야기에서처럼, 참된 불자는 선신이 먼저 알고 보호합니다.

실로 원효스님께서 **"행자 마음 깨끗하면 천신들이 찬탄하고 옹호하며, 도 닦는 이 탐색하면 선신들이 떠나간다."** 고 하신 문장이야말로 '불자 생활의 총체'라고 해도 결코 틀린 말이 아닙니다.

실로 마음이 그지없이 청정하다면 술 한 잔 먹고 고기 한 점 먹는 것이 크게 문제가 되지 않을 수도 있습니다. 가장 중요한 것은 마음이 얼마나 청정한가 하는 것입니다.

그러나 술을 마시고 고기를 먹으면 마음이 탁해지게 됩니다. 그 다음에는 돈이 필요하게 되고, 돈을 갖게 되면 이성이 필요하게 됩니다. 이렇게 연결고리가 이어지다보니 더욱더 많은 돈을 벌고자 하고 오욕락의 삶 속으로 빠져들게 되는 것입니다.

그러므로 우리 불자들은 헛된 번뇌의 싹을 끊고 마음을 청정하게 닦는 것으로 삶의 근본을 삼아야 합니다. 그렇게만 하면 선신들이 보호하여 모든 문제들이 저절로 사라지게 됩니다. 모든 문제가 없을 때 고요하고 평화로운 삶은 저절로 이루어지고, 고요하고 평화롭게 살다보면 해탈의 문이 저절로 열리게 되는 것입니다.

모름지기 일찍 서둘러라

그럼 지금 당장부터 해야 할 일이 무엇인가? 이에 대해 원효스님은 설하셨습니다.

사대로 된 흩어질 몸 얼마동안 보존할까
해는 금방 저무나니 어서 빨리 마음 닦자
四大忽散 不保久住   사대홀산 불보구주
今日夕矣 頗行朝哉   금일석의 파행조재

이제부터 해야 할 일은 오직 닦고 또 닦는 일입니다. 그래서 원효스님은 "사대는 홀연히 흩어지는 것이라 오래 머물지 못한다. 오늘도 벌써 저녁때가 되었으니 아침 일찍부터 닦아야 하리라(四大忽散 不保久住 今日夕矣 頗

行朝哉)."라고 하셨습니다.

이 대목에서 '어서빨리 마음닦자〔頗行朝哉〕'에 대해서는 옛날부터 여러 스님네들이 몇 가지로 달리 해석을 하고 있습니다.

첫 번째 해석은 "오늘도 어쩌다 보니 해가 다 저물었구나. 모름지기 일찍 서둘렀어야 했던 것이 아닌가." 하는 것입니다. 먼 길을 가려면 아침 일찍부터 서둘러 출발했어야 된 것이 아닌가 하는데 초점을 둔 해석입니다.

두 번째 해석은 "오늘이 벌써 저물어 내일 아침이 다 가온다."는 것이요, 세 번째 해석은 "오늘은 이제 틀렸으니 내일 아침부터 부지런히 하라."는 것입니다.

세 번째 해석은 좀 잘못된 것이고, 앞의 두 가지는 해석상으로도 문법상으로도 글을 새기는데 무리가 없습니다. 그래도 하나만 택하라면 첫 번째 해석이 제일 적합한 듯이 보입니다. 뒤에 계속되는 내용과 연결시켜 볼 때도 첫 번째 해석이 합당합니다. 오늘도 벌써 저물었구나. 아침부터 서둘렀어야 했던 것이 아닌가 하는 것입니다.

옛날 사람들은 공부할 때 하루해가 저물면 두 다리를 뻗고 울었다고 합니다.

"오늘도 하루해는 다 지나가 버리고 내가 이룬 것은

하나도 없구나. 오늘 지나간 하루해를 어디 가서 다시 만회할 것인가."

이렇게 오늘 한 번 지나간 시간을 다시 찾을 수 없음을 안타까워하고, 후회 없이 닦지 못한 자신을 반성하였던 것입니다.

또 〈참선곡〉에는 이런 가사가 있습니다.

옛날 사람 공부할 때 잠 오는 것 막으려고
송곳으로 찔렀거늘 나는 어이 방일하나

공부를 하는 사람은 무엇을 하든 공부에 최우선을 두어야 합니다. 불자들의 공부는 '하늘 천 따 지'를 익히는 것이 아닙니다. 한 생각 놓치지 않고 잘 챙기는 것이 도 닦는 이의 공부입니다. 번뇌망상 없이 한 생각 한 생각 화두·참선·염불·경전의 뜻 등을 잘 챙기는 것이 불자의 공부이기 때문에, 운동하면서도 공부를 할 수 있고, 일하면서도 공부를 할 수가 있습니다.

그런데 절에 가야 기도를 하고, 불상이 앞에 있어야 염불을 하며, 선방에 가야 참선 공부를 할 수 있는 것처럼 생각하는 불자들도 뜻밖에 많습니다. 하지만 참선·염불·경전공부는 어디에서나 할 수 있습니다. 일하면서도 공부할 수 있고, 밥먹거나 볼일을 보면서도 공부할 수 있습니다. 그런데 '일 다하고 나서 공부를 하리라' 작정을 하여서야 되겠습니까?

우리 불자들은 언제라도 공부를 해야 합니다. 오히려 이와 같은 이유 때문에 "수좌들이 울력할 때 땀을 내면 지옥에 떨어진다."는 가르침까지 내렸습니다.

울력은 '여러 사람들이 힘을 합해서 일을 하는 것'이며, 이 말은 도 닦는 이들이 일을 해서는 아니 된다는 뜻이 아닙니다. '일을 하되 언제나 중심은 마음 닦는 공부에 두어야 한다'는 것입니다. 일을 위한 울력이나 놀이삼아 울력을 하는 것이 아니라, 공부를 하면서 울력하라는 것입니다.

그런데 수좌들 중에는 '얼른 일을 마치고 공부를 해야지' 하는 생각 때문에 죽기 아니면 살기로 일을 합니다. 그러다 보면 땀이 비 오듯 흐르게 됩니다. 이 때문에 '울력할 때 땀을 내면 지옥간다'는 말까지 나오게 된 것입니다.

옛날에 어떤 노스님이 수좌들이 울력을 하고 있는 곳으로 와서 보고는 말씀하셨습니다.

"일만 하면 일꾼이지 수좌가 아니라네. 공부하면서 일을 해야 수좌지."

참으로 깊이 명심해야 할 말씀입니다.

불자답게 지킬 것을 능히 지키면서 맑게 살면 시방세계 모든 선신들이 나를 돕고, 재물·이성·명예·권력 등에 얽매여 지저분하고 더럽게 살면 어떠한 신장도 나를 지켜주지 않습니다.

그러므로 늘 맑게 살고자 하십시오. 그리고 삶의 중심을 나와 남을 살리고 깨어나게 하는 공부에 두고, 늘 이 공부를 하고자 하십시오.

공부하고자 하는 원을 품고, 또 언제나 그 원을 실천하고자 기도하고 노력하면 훨씬 더 빨리 가피를 입고 성취를 할 수 있게 됩니다. 놓치지만 않고 슬금슬금이라도 꾸준히 가다보면 반드시 떠오르는 해를 볼 수 있게 됩니다.

부디 그 날까지 밝게 맑게 살면서 잘 공부하고 기도하고 정진하시기를 두 손 모아 축원드립니다.

9. 한 번 참으면 길이 즐겁다

무엇하러   고통 받는   세상 쾌락   탐착하며
한 번 참아 긴 낙 얻는 수행 어찌   마다하리
도 닦는 이 탐욕심은   수행인의   큰 수치요
출가인의   재산 모음   군자들이   웃는다네

世樂後苦어늘　何貪着哉며　　세락후고 하탐착재
一忍長樂이어늘 何不修哉리요　일인장락 하불수재
道人貪은　　是行者羞恥요　　도인탐 시행자수치
出家富는　　是君子所笑니라　출가부 시군자소소

잘 참는다는 것은

　불교에서는 이 세상을 사바세계娑婆世界라고 하는데, 인도말 '사바'는 감인堪忍으로 번역됩니다. 감인은 '견디고 참아야 한다'는 뜻으로, 참지 않고서는 살아갈 수 없는 곳이 이 세상임을 깨우쳐주고 있습니다.

참을 인(忍). 무엇을 참으라는 것인가?

나에게 다가오는 괴로움만이 아니라, 즐거운 것도 참아야 한다는 것입니다. 그럼 이 두 가지 중 무엇이 더 참기가 어려운가?

괴로움은 나에게 맞지 않는 역경계逆境界요 역연逆緣입니다. 따라서 괴로움은 참기가 어렵습니다. 그리고 즐거움은 나에게 아주 맞는 순연順緣이요 순경계順境界입니다. 따라서 즐거움이 다가오면 참을 생각조차 하지 않습니다.

그러므로 나에게 맞지 않는 역경계와 역연에 대해서는 싫어하면서도 참기 마련이요, 그 역연이 잘못되면 조금도 슬퍼하지 않습니다.

하지만 순경계와 순연은 다릅니다. 사랑하는 순연의 사람이 조금만 잘못되어도 크게 가슴 아파하고 매우 괴로워합니다.

이처럼 역연이나 역경계보다 이겨내기가 어려운 것이 순연이나 순경계입니다. 그러므로 도를 닦는 사람은 역경계보다 순경계를 더욱 조심해야 하고, 순연에 빠지지 않도록 한결 마음을 다져야 합니다.

❀

옛날 성불成佛하겠다는 원을 품은 한 늙은 수행자가 있었습니다. 그는 성불을 꿈꾸며 참으로 열심히 도를 닦았는데, 어느 날 꿈에 부처님이 나타나 말했습니다.

"네 정성이 그토록 지극하니 성불할 수 있는 길을 일러주겠노라. 그것은 지금부터 말을 한 마디도 하지 않는 것이다. 특히 네 수명은 얼마 남지 않아 곧 염라대왕 앞에 나아갈 터이다. 그때 염라대왕이 어떤 시련을 가하더라도 절대로 말을 해서는 안 되느니라. 그 고비만 잘 넘기면 너는 반드시 성불하게 된다."

그날부터 수행자는 입을 굳게 다물고 어떤 경우에도 말을 하지 않는 연습을 했습니다. 마침내 죽어서 염라대왕 앞에 나아갔는데, 염라대왕이 어떠한 질문을 하여도 대답을 하지 않았습니다.

그러자 염라대왕은 모진 고문을 가하면서 말을 하라고 다그쳤습니다. 그러나 '어떤 어려움, 고통이 있어도 성불하기 위해서는 참아야 한다'는 일념으로 수행자는 모진 고문을 다 이겨내었습니다.

고문으로는 수행자의 입을 열게 할 수가 없음을 안 염라대왕은 인간이 좋아하는 온갖 방법들을 다 동원하였습니다. '말 한 마디 하면 앞으로 영원히 부귀복

락을 누리게 해 주겠다'는 감언이설로부터 아름다운 여인의 유혹에 이르기까지 모든 방법을 사용하였습니다. 그러나 수행자의 의지는 꺾을 수 없었습니다.

"참으로 지독한 자로구나. 안되겠다. 최후의 수단으로 그 말을 끌고 오도록 하라!"

염라대왕의 지시가 떨어지기 무섭게 사자들이 암말을 한 마리 끌고 왔습니다.

"이 말이 누군지 알겠느냐?"

수행자는 고개를 저었습니다.

"이 말이 바로 네 에미이다."

놀란 수행자는 그럴 리가 없다는 표정으로 세차게 고개를 흔들었습니다.

"네 에미인지 아닌지 어디 한 번 보기로 하자. 여봐라, 시작하여라!"

사자들이 채찍으로 말을 마구 때리니 말이 정신을 잃고 쓰러지며 말했습니다.

"아들아, 나는 죽어도 좋으니 너는 절대 말을 하면 안된다. 절대로…."

그 소리는 바로 어머니의 음성이었습니다. 더 이상 참을 수 없게 된 수행자는 말을 껴안으며 소리쳤습니다.

"어머니!"

그 순간 모든 것이 사라져버리고 텅 빈 허공에서 부처님의 목소리가 들려왔습니다.

"은애恩愛의 덫을 벗어나지 못하였으니 성불하기는 틀렸구나!"

⁂

이처럼 역경계를 참는 것보다 순경계를 참는 것이 어렵고, 역연보다는 순연을 이겨내기가 훨씬 어려운 일입니다. 마지막 고비만 넘겼으면 수행자는 성불을 할 수 있었을 텐데, 한순간 복받치는 감정을 참지 못하여 기회를 놓쳐버린 것입니다.

그래서 원효스님께서는 '한번 참아 긴 낙을 얻는 수행을 어찌 마다하느냐'고 한 것입니다.

우리가 순연과 순경계까지 능히 참아내는 경지에 이르기 위해서는 닦고 또 닦는 수행을 꾸준히 하여야 합니다. 한두 번 닦아서는 반질반질하게 윤이 나지 않습니다. 갈고 닦고 또 문질러야 합니다.

특히 평범한 사람의 생각은 굳건한 것이 못됩니다. 한 번 참을 생각을 했을지라도 다른 번뇌망상이 그 위를 덮으면 처음 생각은 없어져 버립니다. 금방 망각해버리는 것입니다.

막대기로 땅에다 참을 인忍자를 써놓아 보십시오. 비

가 오거나 눈이 와서 그 위를 덮으면 금방 없어져버립니다. 그러나 눈이 오거나 말거나 계속해서 쓰고 또 쓰면, 눈이 많이 쌓여도 참을 忍자는 그대로 나타나게 마련입니다. 그러므로 천마만련千磨萬鍊, 천 번 갈고 만 번 단련해야 합니다. 그것이 바로 닦을 수(修)자인 것입니다.

진정한 부자

이어서 원효스님은 '도 닦는 이 탐욕심은 수행인의 큰 수치요, 출가인의 재산 모음 군자들의 웃음거리'라고 하셨습니다.

불교집안 특히 승려들은 무소유無所有로써 재산을 삼습니다. 모든 세속적인 욕심을 놓아버린 무소유의 삶이라야 도를 잘 닦을 수 있기 때문입니다.

그래서 부처님께서는 승려들이 살림살이를 하지 못하게 하였고, 이를 잘 준수하고 있는 태국이나 미얀마 같은 나라에서는 지금도 스님들이 오로지 공부에만 몰두할 뿐, 절 살림살이에는 일체 관여를 하지 않습니다.

공양도 신도들이 지어올리고 절이 낡으면 신도회에서 다 알아서 수리를 합니다. 청소도 평일에는 대학생들이 예불하러 와서 하고, 주말에는 군인들이 예불하러 와서 다 해놓고 갑니다. 수십, 수백 명씩 달려들어서 쓸고 닦고 잔디밭의 잡초도 싹 뽑고 가니까 아무리 넓은 도량이라도 깨끗하기가 이루 말할 수 없습니다. 내가 본 바로는 방콕시내에 있는 절이 모두 그러했습니다.

　죽은 부모를 위한 49재齋도 따로 지내지 않습니다. 절 수리하는 것으로 49재를 대신합니다. "우리 아버지 어머니 극락왕생을 위해 저 법당 하나는 제가 맡아서 수리하겠습니다." 하면서 수리하고, 탑을 만드는 것도 그러하고, 스님들의 불교책을 발간하는 것도 그러합니다. 모든 것을 신도가 다 알아서 하는 것입니다.

　이렇게 되다보니 절의 재산이 따로 필요하지가 않습니다. 절도 신도들의 것이지 스님네의 것이 아니라고 생각합니다. 따라서 스님들은 돈이나 재산이나 절 관리에는 신경을 쓰지 않습니다. 오직 스님들은 공부만 하게 되어 있습니다.

　이러한 불교 교단의 근본체계는 부처님 당시부터 시작되었습니다. 부처님께서는 승려의 무소유를 표방하여 재산을 축적하지 못하도록 하셨고, 교단의 경영도 순전히 재가불자들의 힘에 의해 이루어지도록 하였습니다. 스님들로 하여금 오직 수도하고 교화하는 일에 전념할 수 있도록 배려를 한 것입니다.

지금 태국의 방콕이나 미얀마의 양곤에는 해인사의 대여섯 배 되는 절이 수두룩합니다. 담장 하나, 길 하나를 사이에 두고 그만한 절이 또 하나씩 있으니, 그것을 다 합하면 도시 전체가 거대한 절이나 다름없습니다.

우리나라도 신라시대, 고려시대까지는 그러했습니다. 신라시대에는 경주 땅의 삼분의 일을 절이 차지하였고, 고려의 수도 개경도 마찬가지였습니다. 절이 얼마나 컸던지 절 안에 요양원·양로원·고아원도 있었습니다. 요즘은 절 안에 방생할 곳이 없지만, 그때는 절 안에 방생지가 있어서 절에서 방생도 다 할 수가 있었습니다.

그러나 우리나라는 조선시대에 들어서면서 도시에 있던 절들이 삽시간에 줄어들었습니다. 극심한 억불정책이 진행되었기 때문입니다. 자연 산중의 절들만이 존속되었고, 힘과 돈이 있는 사대부들의 사찰 출입이 법으로 통제되자, 절에서는 재산을 모으는 관습이 생겨나기 시작하였습니다.

세상 사람들과 관계없이 승려가 자생적으로 살아남아야 하다 보니 알뜰하게 아끼고 모으게 되었으며, 마침내 재산을 개인적으로 축적하는 출가부出家富가 절집안에서도 생겨나게 된 것입니다.

　스님네는 장작을 해서 팔고 누룩장사를 해서 번 돈으로 땅을 샀습니다. 지금 절집안의 땅들이 대부분 그렇게 해서 모인 것입니다. 특히 조선시대 말기에는 '도가 없으면 돈이라도 있어야 사람구실을 한다'는 분위기가 팽배하여 출가부가 크게 늘어났습니다.

　내가 어릴 때만 하더라도 마을이고 절집안이고 할 것 없이 아끼고 또 아꼈습니다. 밥 한 그릇이 그렇게 귀할 수가 없었습니다. 다른 집에 가서 밥 한 그릇 얻어먹게 되면 큰 신세를 진 걸로 생각하여 '이 은혜를 언제 갚겠습니까' 하며 큰 절을 하였습니다.

　뒷간에 갈 때도 감히 종이는 생각도 못했습니다. 산에서 떡갈나뭇잎을 한 짐 해다가 변소간에 수북이 쌓아놓으면, 그걸 문질러서 부드럽게 한 다음에 사용했습니다. 그 떡갈나뭇잎 냄새는 아주 향긋하니 좋아서 화장실에 두고 쓰기가 안성맞춤이었습니다. 반면 말끔히 닦이지가 않아 반드시 뒷물을 해야 했습니다.

　그처럼 가난한 시절이었기에 절집안에서도 알뜰하게 아끼고 모으고 하여, 논을 몇 백마지기씩 만들곤 하였던 것입니다.

조선시대 말엽에 통도사通度寺 스님 4백여 명 가운데 개인 논을 가진 스님들이 상당히 많았습니다. 그러나 글을 제대로 보고 쓸 수 있는 이는 열 명도 안 되었다고 합니다.

그렇지만 그 스님들은 "글이 솥 안에 들어가지 않느니라〔不文入鼎〕." 하면서 큰소리를 쳤습니다. 글 많이 알아봐야 배고프면 무슨 소용 있느냐는 것입니다. 실제로 출가부를 이룬 무식한 스님들은 오히려 글을 많이 배운 사람을 불러서 부려 먹었습니다.

"자네 글씨깨나 쓴다면서? 글 좀 하는가?"

"예."

"이 종이를 가지고 가서 우선 책을 한 권 묶어 오게."

선비가 종이로 책을 매어 오면 일을 시킵니다.

"거기다가 '고라실 닷마지기'라고 적게."

"예, 적었습니다."

"'배서방한테서 쌀 두 섬 반 입入'이라고 적게."

드러누워서도 자기 논이 전부 어디어디에 있고 누구누구가 소작붙이고 있으며, 언제 얼마 들어왔고 아직 얼마 덜 들어왔는지를 귀신같이 아는 것입니다. 이렇게 하루 종일 장부정리를 해 주면 "욕 봤네." 하면서 쌀

한 되를 품삯으로 내어주곤 하였습니다.

§

이처럼 조선시대 후기에 와서는 출가한 스님들의 출가부出家富가 공공연히 성행하였습니다. 물론 그 이전의 시대에도 재산을 모은 승려가 없었던 것은 아닙니다. 왕궁불교라 하여 조정에서 승려를 극진히 대접하고 사찰을 호화스럽고 사치스럽게 꾸미다 보니, 탐욕심으로 재산을 모으고 돈놀이를 한 승려도 있었습니다. 하지만 이러한 것들은 모두 정도正道에 벗어난 것이라 하여 크게 지탄을 받았습니다.

도 닦는 사람이 탐욕심을 내고 재산을 모으는 것만큼 수치스러운 일은 없습니다. 억불정책기인 조선시대도 아닌 이때, 우리 스님들은 다시 옛날의 모습을 되찾아야 합니다. 조그마한 탐욕이 크나큰 화를 부른다는 것을 우리는 언제나 기억해야 합니다.

요즘 들어 우리나라의 여러 사찰에서 돈이나 절관리는 재가불자들에게 맡기고, 스님은 도 닦고 교화하는 체계를 조금씩 갖추어가고 있습니다. 참으로 바람직한 현상이라 하지 않을 수 없습니다.

꼭 기억하십시오. 도를 닦는 이가 돈이나 사람이나 좋은 물건에 대해 애착을 가지면, 애착을 가지는 것만큼 고생을 하고 손해를 보게 됩니다.

　사람은 본래 무일물無一物이라, 한 물건도 가짐 없이 이 세상에 왔고 갈 때도 빈손으로 가는 존재입니다. 공수래공수거空手來空手去인 것입니다.

　도와 돈은 반대쪽에 있습니다. 없을수록, 빈손일수록 도 닦기는 더 좋은 것이고, 재물이 있을수록 수도에 방해가 되는 번뇌망상이 더 생겨나기 쉽습니다.

　내 삶의 중심이 도라면 절대로 물질적인 욕심과 함께 하지 마십시오. 돈과 가까이하면 할수록 도와 멀어지게 됩니다. 돈은 재가불자에게 맡기고, 필요한 것은 재가불자에게 의존하고 출가승은 꾸준히 도를 닦고 도를 펼치며 살아야 합니다.

　조금 부족하고, 조금 갖고 싶고, 먹고 싶고, 하고 싶은 것이 있어도 무소유의 삶을 생각하면서 만족하며 살아가야 합니다. 그래야만 나날이 도가 깊어지게 되고, 도가 깊어지면 깊어질수록 사람과 돈 등 일체를 능히 살릴 수 있습니다.

　그럼 재가불자는 어떻게 해야 하는가? 돈과 재물을 멀리 해야 하는가? 아닙니다. 부처님께서는 '부자가 결코 나쁜 것이 아니다', '많이 벌어도 좋다'고 하셨습니다.

단, 문제는 어떻게 벌 것이며 어떻게 쓰느냐에 있습니다.

돈에 탐착하지 말고 일에 보람을 느끼며 벌어야 합니다. 일을 열심히 하면 탐욕을 넘어선 돈이 저절로 찾아오지만, 돈을 앞세우면 탐욕심이 앞을 가려 일마저 제대로 되지 않습니다. 그러므로 늘 내가 하는 일에 의미를 심고 스스로 보람을 느끼면서 살아가야 합니다.

그리고 번 돈은 잘 써야 합니다. 물론 나와 내 가정을 위해서 써야 합니다. 필요한 물건도 제대로 사고 레저·여행 등도 즐겨야 합니다. 그러나 향락을 위해 많은 돈을 쓰면 안 됩니다. 또 돈이 있다고 하여 투기를 하면 안 됩니다.

남는 돈이 있다면 무엇보다 먼저 남을 살리고 도움을 주는 일에 쓸 줄 알아야 합니다. 그리고 불사나 사찰의 경영을 위해서도 잘 보시를 해야 하고, 법보시 등에도 적극 동참을 해야 합니다.

그럼 남는 돈이 별로 없다면 보시를 하지 않는 것이 원칙인가? 아닙니다. 아주 조금이라도 복을 심는 마음으로 보시를 할 줄 알아야 합니다. '내 코가 석자인데'라는 말을 절대로 하지 말고, 조금씩 욕심과 이기심을 자비심으로 바꾸면서 베풀 줄 알아야 합니다.

이와 같은 돈 씀이야말로 참으로 가치 있는 돈 씀입니다. 그리고 이와 같은 돈 씀을 우리 불교에서는 '도로써 돈을 쓴다'고 합니다.

부디 출가불자든 재가불자든, 본분에 맞는 바른 삶(正命)을 살아서 이 땅에 부처님의 해가 더욱 밝게 비출 수 있도록 해야 할 것입니다.

이제 한 수의 시로써 마무리를 짓겠습니다.

만족할 줄 아는 것이 제일 큰 부자요
몸에 병이 없음이 제일 큰 이익이며
마음이 편한 것이 제일가는 복이요
열반이 제일가는 즐거움일세
   知足第一富 　지족제일부
   無病第一利 　무병제일리
   安心第一福 　안심제일복
   涅槃第一樂 　열반제일락

10. 불교공부, 지금 여기에서

이런 말씀 끝 없거늘 어찌 그리 탐착하여
다음 다음 미루면서 애착 끊지 못하는가
세상 일이 한없거늘 어찌 그리 못버리고
끊임없이 일 꾀하며 끊을 생각 아니하네

遮言不盡이어늘 貪着不己하며   차언부진 탐착불기
第二無盡으로 不斷愛着하며   제이무진 부단애착
此事無限이어늘 世事不捨하며   차사무한 세사불사
彼謀無際하야 絶心不起로다   피모무제 절심불기

끝이 없는 세상의 일

원효스님께서는 "이런 말씀 끝 없거늘 어찌 그리 탐착하나(遮言不盡 貪着不己)."라고 하였습니다. 이 구절의 '차언부진遮言不盡'은 이 문장 이전까지의 모든 글을 받는 말로서, 두 가지로 해석할 수 있습니다.

한 가지는 '이 차遮' 자로 새길 경우, "이러한 말들이 많거늘 어찌 탐착을 버리지 못하느냐."로 풀이합니다.

"이제까지 수행에 장애가 되는 온갖 것을 경계하고 독려하는 말을 많이 하였지만, 이런 말들은 헤아릴 수도 없을 만큼 많다. 그런데도 탐욕과 집착을 멈추지 못하겠다는 것이냐?"하면서 질책하는 것입니다.

다른 하나는 '막을 차遮' 자로 새길 경우로, "방패막이 하는 말이 다함없거늘 탐착을 막지 못하는 것이냐."로 풀 수 있습니다.

"사람마다 이 핑계 저 핑계를 대고 온갖 변명과 구실을 늘어놓으면 끝이 없는 것인데, 아직도 핑계를 내세워 탐욕과 애착을 그치려 하지 않겠다는 것이냐?"하며 꾸짖는 말씀입니다.

앞의 것은 탄허呑虛스님의 해석이고, 뒤의 것은 여러 스님네들이 자주 새겨온 해석입니다. 두 가지 모두 해석에 무리가 없으니 어느 쪽으로 새겨도 무방하지만, '이런 말씀들이 끝없거늘'로 해석하는 것이 문법상으로 더 수월합니다.

실로 사람들은 도를 닦고 싶지 않아서가 아니라 얽히고설킨 세상일에 묶여 있기 때문에 도를 닦지 못합니다. '이번 한 번만', '이 일만 끝나면' 하면서 다음으로 미루다가 어느 날 갑자기 염라대왕의 부름을 받게 되는 것입니다.

물론 다음다음으로 미루는 것이 끝이 없다는 것을 모르는 바도 아닙니다. 그러나 사람들은 눈앞의 애착을 용기 있게 끊어버리지 못합니다.

'이번만 하고 다시는 안 해야지'

'오늘까지만 하고 절대로 하지 않는다'

이런 맹세를 수없이 하지만, '제이第二'의 일은 끝없이 반복되는 것입니다.

❁

히말라야의 설산雪山에는 집 없는 새가 살고 있습니다. 낮에는 따스한 햇볕을 받으며 이 가지 저 가지 옮겨 다니면서 즐겁게 놀지만, 밤만 되면 추위에 떨면서 결심을 합니다.

"아이 추워. 내일은 반드시 집을 지어 따뜻하게 잠을 자야지."

그러나 날이 밝으면 간밤의 고생과 다짐을 모두 잊어버리고, 다시 열매를 따먹으며 노래하고 노는 데만 정신이 팔려서 하루를 보냅니다. 그리고 또 밤이 되면 어김없이 스스로에게 맹세합니다.

"내일은 놀지 말고 일어나자마자 집부터 지어야겠다. 바닥은 단단한 것으로 하고 벽에는 길상초를 바르고 지붕은 커다란 잎으로 잘 덮어서 추위에 떠는 이 고생을 면해야지."

이 새는 아침이 되면 다시 어제와 똑같은 생활을 반복하기 때문에 평생 동안 집을 짓지 못하고 살아가는 것입니다. 그래서 영원히 집이 없는 새 신세를 면하지 못합니다.

히말라야의 집 없는 새와 마찬가지로 우리 인간들도 내일 내일을 기약하면서 속절없이 한 생을 마치고 맙니다.

"오늘은 헛되이 하루를 보냈지만 내일부터 잘 하면 될 것이다. 금년에는 이 일 저 일로 번뇌가 많았지만, 내년부터는 열심히 마음공부를 잘 할 것이다."

하지만 미루는 그 마음은 끝이 없습니다.

도가 높은 스님에게 불자인 한 친구가 있었습니다. 스님은 어느 날 친구인 장조류張曹流를 찾아가서 간곡히 권했습니다.

"여보게, 자네도 이제 죽을 때가 그리 멀지 않았으니

발심하여 염불이라도 하는 것이 어떻겠는가?"

"그렇지 않아도 그럴 생각이라네. 단, 나에게 남아있는 세 가지 중요한 일만 마치면 곧 할 생각이네."

"그 세 가지 일이 무엇인가?"

"첫째는 지금 하는 일로 돈을 벌어서 부자가 되는 것이고, 둘째는 아들 딸 모두 좋은 데 혼인을 시키는 것이고, 셋째는 아들들이 출세하는 것을 보는 것이라네."

"자네 생각이 정 그렇다면 하는 수 없지. 그렇게 하게나."

그런데 장조류는 세 가지를 다 마치기도 전에 죽고 말았습니다. 스님은 문상을 가서 조문弔文을 지었습니다.

나의 친구 장조류여
염불을 권하자 세 가지 일을 마친 후에 한다고 했지
염라대왕 그 양반 분수도 어지간히 없네
세 가지 일을 마치기도 전에 갈고리로 끌고 가다니

  吾友名爲張曹流 오우명위장조류
  勸伊念佛說三頭 권이염불설삼두
  可怪閻公無分曉 가괴염공무분효
  三頭未了便來鉤 삼두미료변래구

스님의 조문은 염라대왕을 나무라는 듯이 지었지만,

염라대왕은 곧 나의 업業이므로 누구도 말릴 수 없습니다. 부질없는 세상애착에 끄달려 마음 닦는 공부를 내일로 내일로 미루다가 덧없는 뜬 목숨을 마치고 마는 것입니다.

세상 대부분의 일은 번뇌가 만들어냅니다. 그러므로 세상일은 끝이 없고, 끝없는 번뇌가 만들어낸 세속의 일이기에 중생들은 버리지 못합니다. 오히려 이런 저런 잔꾀를 내어 끝없이 계획하고 일을 저질러 버립니다. 열심히 공부만 하고 일을 잘 하던 사람도 돈이 생기면 '이것으로 무엇을 하고 어떻게 쓸까?' 하면서 끝없는 궁리를 펴게 됩니다. 꾀라는 것은 끝이 없어서 아무리 '이것만 하고 공부해야지' 하면서 결심을 해보아도 꾀에게는 당해내지 못하는 것입니다.

만약 정말로 하고자 한다면 지금이 바로 그때입니다.

하루하루	짓는 악업	날로날로	늘어가고
내일내일	미룬 선업	날로날로	줄어들며
좋은 금년	다짐하나	번뇌망상	한이 없고
내년으로	미루면서	보리정진	하지 않네

今日不盡하야 造惡日多하고　　금일부진 조악일다
明日無盡하야 作善日少하매　　명일무진 작선일소
今年不盡하야 無限煩惱하고　　금년부진 무한번뇌
來年無盡하야 不進菩提로다　　내년무진 불진보리

시간들이　흘러흘러　급히 하루　지나가고
하루이틀　흘러흘러　보름 한달　속히 가며
한달두달　계속되어　홀연 일년　지나가고
한해두해　거듭하여　문득 죽음　닥치도다

時時移移하야 速經日夜하고　　시시이이 속경일야
日日移移하야 速經月晦하며　　일일이이 속경월회
月月移移하야 忽來年至하고　　월월이이 홀래년지
年年移移하야 暫到死門하나라　년년이이 잠도사문

오른손 네 손가락을 태우며

　원효스님은 이 게송에서 "미루어서는 안 된다. 지금 이 자리에서 결심을 해야 한다. 꾀부리고 미루다가는 영원히 못하게 된다."는 것을 매우 강한 반어법으로 말씀하고 있습니다. 왜 이토록 강조하신 것일까요? 바로 이 순간이 가장 좋은 때요, 이 자리가 가장 좋은 장소이기 때문입니다.

나의 경우에도 마음속의 집착을 끊지 못하고 오랫동안 연연한 때가 있었습니다. 나는 출가사문입니다. 그러므로 세속적인 성공에 대해 탐착을 해서는 안 됩니다.
　중은 중노릇만 해야지, 세속에서 말하는 '사람 노릇'을 하려고 하면 올바른 불교공부가 되지 않습니다. 도를 닦는 이가 공부가 안 된다는 것은 스스로 사람 노릇을 하려고 하는 마음이 있기 때문입니다. 중은 중이어야지, 중 이외의 다른 이름이 붙으면 공부에 전념하기가 어려운 법입니다.
　이제 나의 이야기를 하겠습니다.

　초등학교만 졸업하고 바로 출가를 한 나는 20대 초반까지 대학교에 가야겠다는 생각이 늘 마음 한 쪽에 있었습니다. 내가 당시에 그토록 대학을 가야겠다고 생각한 것은 출세나 명예욕 때문이 아니었습니다.
　'그동안 한문공부를 하여 어느 정도 문리文理가 터졌으니까 이제 현대학문을 배우자. 그래서 순전히 한문으로만 이루어진 불교경전을 현대적으로 풀이하고 해석한다면 이 얼마나 좋은 일이랴.'
　그러나 한편으로 나 자신을 냉정하게 되돌아보니, '대학 가겠다는 것은 똑똑하고 잘난 사람 노릇 하겠다는 것이 아닌가' 하는 생각도 들었습니다.

'나의 근본 원력願力은 참선을 하여 견성성불見性成佛하겠다는 것인데, 자칫 사람 노릇 하고 싶은 생각에 빠져 근본마저 흩트려 버리는 것은 아닐까? 그래, 세간의 모든 형식을 벗어버리자. 사람 노릇하겠다는 생각, 모두 떨쳐버리자.'

마음을 굳게 다잡아 대학이고 뭐고 다 잊어버리고 열심히 참선을 하며 앉아 있노라면 또 '대학 갔으면….' 하는 생각이 슬며시 나는 것입니다.

'그래, 문학박사든 철학박사든, 박사가 되어서 참선하고 견성하면 더 좋은 게 아닌가! 공부하고 난 뒤에도 얼마든지 견성성불할 수 있지 않을까?'

그러다가 육이오 사변이 터졌습니다. 그때 남쪽으로 피난을 내려오다가 안양에서 인민군에게 붙잡힌 적이 있었습니다. 그들은 아지트인 동굴 속으로 나를 끌고 들어가더니 꼬치꼬치 캐묻는 것이었습니다.

"너는 뭐하는 사람이냐?"

"중입니다."

"중이 뭐냐?"

"석가모니 불법을 배우고 닦는 사람이요."

"이거 순 부르주아 아니야? 인민들의 피를 빨아먹고

무위도식하는 족속들 아니야?"

무지막지하게 나오기 시작하는데, 때리면 맞고 묵묵히 있었습니다. 더욱이 당시는 중간에서 잡히는 젊은 이들은 모조리 인민군 의용군으로 끌고 가서 전쟁터 맨 앞의 총알받이로 세울 때였습니다.

'아, 잘못 걸려도 크게 잘못 걸렸구나. 이제 꼼짝없이 의용군으로 끌려가서 죽게 되었구나.'

이렇게 생각하고 있는데, 정치공작대인 듯한 말쑥한 사람이 굴 안으로 들어왔습니다. 그는 나를 보더니 대뜸 지시했습니다.

"중이구만. 팔뚝 좀 걷어보지!"

그래서 옷을 걷어 팔뚝을 내보였더니 단번에 얼굴이 부드러워졌습니다.

"연비 자국이군요. 나도 불교신자요."

그러면서 내 팔뚝을 조심스럽게 만지더니 꿇어앉아 있던 내 몸을 일으켜 세우고 의자도 갖다 주고 사이다도 대접하였습니다. 그리고 통행증을 하나 써주면서, '가다가 인민군들이 잡으면 이 통행증만 보여주면 된다'고 했습니다. 그것도 모자라 차까지 태워주었습니다.

"이 스님 가시는 데까지 잘 모셔 드려라."

연비 덕분에 안양에서 김천까지 편안하게 차를 타고

내려온 적이 있습니다. 만약 연비 자국이 없었다면 그때 의용군으로 끌려가서 꼼짝없이 죽었을 것입니다.

그 일이 있은 지 일, 이년이 지난 후에도 나는 대학 가는 생각을 버리지 못했습니다. 한참 동안 대학 갈 궁리를 하다가 내 자신을 돌아보며 격려를 하곤 했습니다.

'인민군에게 끌려가 죽을 뻔한 몸이 연비 때문에 살아나지 않았는가. 그런데도 이렇게 사람 노릇 하고 싶은 생각이 사라지지 않으니….'

이처럼 이렇게 할 것인가 저렇게 할 것인가 하는 번뇌망상이 끊어지지 않던 어느 날, 나는 큰 결단을 내리게 되었습니다.

'나는 무슨 일이 있어도 속가에 갈 사람이 아니다. 중노릇 아닌 딴 짓을 할 사람도 결정코 아니다. 오로지 불법을 위해 살다가 죽을 몸인 것만은 분명한 것! 이 기회에 결정심結定心을 완전히 다져놓아야만 한다. 손가락이 없으면 대학갈 생각은 저절로 뚝 끊어질 것이고, 손가락 없는 나에게 누가 사람 노릇 시키려고도 않을 테니….'

나는 연비를 하기 위해 오대산으로 들어갔습니다. 그러나 가자마자 성급하게 할 것도 아니고 하여, 여름 한철 석 달 동안 장좌불와를 하며 열심히 정진했습니다.

그러던 어느 날 대관령 꼭대기에 구름 한 점이 날아가는데, 바로 내가 날아가는 것과 같음을 느꼈습니다.

'이 몸뚱어리는 뜬구름과 같은 것이다. 어디서 왔다가 어디로 가는 것인가. 인간의 일생이라 하는 것도 저 뜬구름과 같이 어디선가 왔다가 어디론가 가 버리는 것에 불과한 것. 지금 깊은 연緣을 심어놓지 않으면 그야말로 허생명사虛生命死 밖에 되지 않을 것이다. 오대산과 같은 좋은 도량에 왔을 때 이 마음을 깊이 다지고 연을 심어야 하리.'

이렇게 생각하고 그날 『능엄경』 제6권 사바라이장四波羅夷章의 연비燃臂에 대한 구절을 다시 한 번 죽 읽었습니다.

내가 열반에 든 뒤 어떤 비구가 발심하여 결정코 삼매를 닦고자 할진대는, 능히 여래의 형상 앞에서 온몸을 등불처럼 태우거나 한 손가락을 태우거나 몸 위에 뜨거운 향심지 하나를 놓고 태울지니라.

내 말하노니, 이 사람은 비롯 없는 숙세의 빚을 한순간에 갚아 마치고, 길이 세간을 떠나 영원히 번뇌를 벗어나리라.

만약 이렇게 몸을 버리는 인을 심지 않으면 무위도를 이룰지라도 반드시 사람으로 돌아와 그 묵은 빚을 갚으리니, 내가 말먹이보리를 먹은 것과 조금도 다를 바 없도다.

하안거 해제 후, 나는 오대산 적멸보궁寂滅寶宮으로 나아가 하루 3천배씩 7일 동안 기도를 드리고, 발원문을 지어 올렸습니다.

허공과 같은 법신에 절하오며 평등한 일심으로 간절히 아룁니다. 오직 크나큰 자비를 드리우시어 저의 미한 구름을 열어주소서.
길이 세간을 떠나 영원히 번뇌를 벗고, 아주 오랜 숙세의 빚을 한순간에 갚아 마치리이다. 지금 이 법을 통하여 신심을 완전히 결정짓겠나이다.

시방의 부처님께 발원문을 바친 나는 오른손 바닥에 먹을 묻혀 발원문 끝에 찍었습니다. 그리고 엄지를 제외한 오른손 네 손가락을 고무줄로 묶고 붕대를 감은 다음, 붕대 속에 촛물을 녹여 넣었습니다. 그 위에 또 붕대를 감고, 이번에는 기름을 흠뻑 묻혔습니다.
마침내 나는 오른손 네 손가락을 심지로 삼아 불을 붙였습니다. 모든 번뇌와 업장을 녹이는 깨달음의 불을….
'멋지게 타는구나.'

불을 붙인 그 순간, 내 느낌은 바로 이것이었습니다. 묘하게도 오른손 네 손가락에서는 살이 탈 때 느껴져야 할 감각도 아픔도 없었습니다. 손가락이 타는 데 대한 두려운 생각도, 오른손에 대한 아까운 생각도 없었습니다. 다만 불을 붙이지 않은 엄지손가락이 잠깐 따끔했을 뿐, 그 아픔도 곧 사라져버렸습니다.

이내 나는 무아지경의 연비삼매에 빠져들었습니다. 새벽 1시에 불을 붙여 기껏해야 1시간 정도 되었을까 생각하였는데, 눈을 떠보니 날이 훤히 새고 있었습니다. 5시간가량 지나 있었던 것입니다.

손가락 끝에서 까물락 까물락거리는 불씨를 끈 다음 미리 준비해 놓았던 대야의 물에 손을 담구어 찌꺼기를 털어버리고, 그 위에 다시 붕대를 감았습니다.

이상하게도 조그마한 아픔도 쓰라림도 느껴지지 않았습니다. 마음 또한 그렇게 평화로울 수가 없었습니다. 두려울 것도 없었고 걸릴 것도 없었습니다. 그야말로 천하태평天下太平이었습니다.

'이제 나는 사람이 아니다.'

대학 진학·부귀·출세 등의 세속적인 미련, 사람 노릇하겠다는 미련이 연비와 함께 깡그리 타버린 것을 느낄 수 있었습니다. 연비와 함께, 사람 노릇을 다 걷어

치운 것입니다. 정녕 환희심과 '결정코 도를 이루겠다'는 굳은 신심만이 나의 온몸을 감싸고 있었습니다.

§

중이 중노릇만 하면 문제될 것은 아무 것도 없습니다. 중이 자꾸 사람 노릇을 하려 하는 것이 탈인 것입니다. 사람 대접받으려 하고, 사람들과 왕래하며 다니고, 절 살림 살고 하는 모든 것이 사람 노릇이지 중노릇은 아닙니다.

중노릇은 오직 참선하고 경공부하고 기도하며 정진하는 것에 두어야 합니다. 물론 그러한 고집에 너무 집착하는 것도 자가당착에 빠질 수 있는 것이지만, 자신의 근본 원력을 늘 바르게 정립하여 길을 올바로 찾아가야 합니다.

재가불자들도 마찬가지입니다. 출가스님들과 정도의 차이는 있지만 재가불자들도 '나' 스스로를 깨우쳐 스스로를 평화롭고 지혜롭게 만드는 공부를 틈틈이 해야 합니다.

하루에 단 30분이라도 염불을 하거나 기도를 하거나 독경 · 사경 · 참선을 하는 시간을 가져보십시오. 적어도 그 시간만큼은 잡념이나 탐 · 진 · 치심에 얽어매여 방황하지 않게 됩니다.

그리고 조금씩의 시간이라도 꾸준히 하게 되면 염불·사경·독경·참선한 공덕들이 나날이 늘어나서 힘을 쌓을 수 있게 되고, 능히 내 삶의 주인공 노릇을 할 수 있습니다.

곧 나의 탐착과 애착을 되돌아보면서 그만둘 것을 능히 그만둘 수 있는 능력을 갖게 되고, 번뇌에 빠지거나 망상을 따라다니는 헛된 생활에서 벗어날 수 있게 되는 것입니다.

참으로 이 귀한 사람의 몸을 받았을 때, 그리고 부처님 법과 인연을 맺게 되었을 때, 조금이라도 공부에 대한 원력을 세우고 한걸음씩이라도 나아갑시다. 그래야만 우리가 이 세상에 온 보람, 부처님 법을 만난 보람을 누릴 수 있습니다.

그러나 만일 지금 공부를 하지 않고 있거나 이 핑계 저 핑계를 대고 있다면 지금 바로 이 자리에서 단호히 결심하십시오. 결코 내일로 미룰 일이 아닙니다. 미루고 또 미루다보면 염라대왕이 앞질러 옵니다.

내일이란 끝이 없는 것입니다. '이번만, 오늘만' 하면서 미루다 보면 선업은 자꾸 줄어만 들고 악업은 날로 늘어만 갑니다.

그래서 원효스님은 매시간이 모이고 하루이틀 속히

가서 한 달 두 달 한해 두해 지나다보니 '문득 죽음 닥쳐온다'고 하셨습니다.

우리는 「발심수행장」의 이러한 가르침들을 새기고 또 새겨, 지금 바로 여기에서 나날이 정진하는 참된 불제자가 되어 영원생명을 찾고 무한 능력을 키워나가야 합니다.

깨진 수레	못 구르고	늙어지면	못 닦거늘
눕고 앉아	게으름과	망상만을	부리는가
몇 생이나	닦았기에	낮과 밤을	헛 보내며
사는 날이	얼마기에	이 생마저	닦지 않나
헛된 이 몸	마친 뒤에	다음 생을	어이할고
생각하면	급하구나	급하고 또	급하구나

破車不行이요 老人不修라　　파거불행 노인불수
臥生懈怠하고 坐起亂識이니라　와생해태 좌기난식
幾生不修하고 虛過日夜하며　　기생불수 허과일야
幾活空身하야 一生不修요　　　기활공신 일생불수
身必有終하니 後身何乎아　　　신필유종 후신하호
莫速急乎며 莫速急乎니라　　　막속급호 막속급호

닦는 일이 급하다

이제 『발심수행장』의 마지막 게송에 이르렀습니다. 이 마지막 게송에는 우리의 게으름과 번뇌망상의 삶을 깨우쳐 주고자 하는 원효스님의 간절한 마음이 그대로 담겨져 있습니다.

'병들면 닦지 못한다. 늙으면 닦지 못한다. 시간은 번개와도 같은 것이다. 한 해 두 해가 긴 듯하지만 문득 죽음이 닥쳐온다. 인생의 무상함이 꿈과 같음을 왜 모르느냐? 왜 늙기 전에 닦지 않느냐? 살 날이 얼마 남았기에 닦지 않는 것이냐?'

이렇게 원효스님께서 꾸짖는 듯합니다.

이제부터 우리는 마음을 다잡고 수행해야 합니다. 승려는 승려의 본분을 지키면서 정진해야 하고, 재가불자는 현재 하고 있는 일에 충실하면서 하루 중 일정 시간이나마 불교공부에 할애하여 닦아가야 합니다.

그러나 '공부를 하겠다'는 막연한 결심만으로는 불교공부를 잘 하기가 힘이 듭니다. 그럼 어떻게 해야 불교공부를 잘 할 수 있는가?

무엇보다 먼저 꿈에서부터 깨어나야 합니다. 덧없는

세상일에 집착하고 연연해하는 꿈에서부터 깨어나야 합니다.

그 꿈은 크게 깨어나면 크게 깨어날수록 좋습니다. 대각몽大覺夢, 그야말로 대각몽을 해야 합니다.

❁

한 스님이 수행은 않고 매일 왕이 되는 생각에만 빠져 있었습니다. 만인의 우러름을 받는 왕이 되어 천하를 호령하는 것을 상상하며 혼자 즐거워했던 것입니다. 그러던 어느 날 밤의 꿈속에서 스님은 왕이 되었고, 평소에 생각했던 대로 큰소리를 치며 살게 되었습니다. 그는 만조백관과 삼천궁녀를 거느리고 권력과 쾌락을 누리며 만족스러운 나날을 보내고 있었는데, 갑자기 전쟁이 일어나더니 적군이 궁궐로 물밀 듯이 쏟아져 들어오는 것이었습니다. 그가 '걸음아 날 살려라' 하며 도망을 치는데, 말을 타고 뒤쫓아온 적장이 커다란 도끼로 머리를 내리쳤고, 그 순간 자신의 모가지가 뎅그렁 떨어져 나가는 것이었습니다.

"아이구, 관세음보살!"

비명을 지르며 깨어보니 꿈이었습니다.

"아! 내 목이 아직도 붙어 있구나. 이제 누가 왕 노릇을 하라고 사정을 해도 안한다."

삼일천하의 허망한 꿈을 꾸고서 권력에 대한 야심이 물거품처럼 사라져버린 스님은 제대로 발심하고 열심히 정진하여 도를 성취하였다고 합니다.

❊

『삼국유사』에도 이와 유사한 꿈 이야기가 전합니다.

옛날 신라시대, 학덕과 계행을 겸비한 조신調信스님은 서라벌 세규사世逵寺에 속해 있는 명주의 논밭을 관리하게 되었습니다. 스님은 이곳에서 우연히 명주 태수 김흔金昕의 딸을 보게 되었는데, 그녀의 눈부신 미모에 매혹되어 일어나는 사모의 정을 가누지 못했습니다. 스님은 애타는 마음으로 영험 있는 낙산사 관세음보살님께 빌고 또 빌었습니다.

'자비로우신 관세음보살님, 부디 가피를 내리시어 태수의 딸과 부부연夫婦緣을 맺을 수 있도록 해주십시오. 저는 한시도 그녀를 잊을 수가 없나이다. 관세음보살님….'

남몰래 관세음보살께 빌고 또 빌었지만, 그녀는 얼마 후 다른 사람에게 시집을 가 버렸습니다. 조신스님은 애통한 마음으로, 소원을 이루어 주지 않은 관세음보살을 원망하며 날이 저물도록 슬피 울다가 관음상 밑에 쓰러져 잠이 들었습니다.

그런데 문득, 그토록 사모했던 김씨 낭자가 기쁜 낯빛으로 문을 열고 들어와서는 수줍게 미소를 지으며 이야기를 하는 것이었습니다.

"처음 먼발치에서 스님을 뵌 순간부터 소녀는 깊이 사모하게 되어 늘 스님을 그리워하였습니다. 하오나 부모님의 명에 못 이겨 억지로 다른 사람에게 시집을 간 것입니다. 그러나 죽어서라도 스님과 한 무덤에 묻히고 싶어 이렇게 찾아온 것이니, 부디 거두어 주십시오."

조신스님은 기뻐서 어쩔 줄 몰라 했고, 결국 그녀를 데리고 고향으로 돌아가 더없이 행복하게 살았습니다. 고되게 농사일을 하면서 힘들게 살았지만, 아리땁고 상냥한 아내만 보면 모든 근심걱정이 다 사라졌습니다.

하지만 기쁨으로 출발한 부부생활도 세월이 흘러 다섯 자녀를 두게 되자 어렵기가 이루 말할 수 없었습니다. 너무나 가난하여 나물죽조차 넉넉히 먹을 수 없는 처지였기 때문이었습니다. 마침내 가난은 그들을 사방으로 내몰았고, 그들은 이곳저곳을 떠돌며 구걸로써 목숨을 연명해야 했습니다.

그렇게 또 10년이 지났을 때, 열다섯 살 먹은 큰 아들이 명주 해현령 고개를 지나다가 굶주림에 지쳐 죽고 말았습니다. 통곡과 함께 큰아들을 길가에 묻은 후,

남은 아이들과 함께 우곡현으로 와서 띠풀로 집을 짓고 살았지만, 그들 부부는 이미 늙고 병들고 굶주려서 자리에서 일어나지도 못했습니다.

간신히 열 살 된 딸아이가 얻어 오는 음식으로 온 식구가 연명을 하였지만, 그 딸도 마을의 개에게 심하게 물려 자리에 눕고 말았습니다. 가족 모두가 부둥켜안고 흐느껴 울다가, 문득 부인이 울음을 거두며 조신에게 말했습니다.

"내가 당신과 처음 만났을 때는 얼굴도 아름답고 나이도 젊었습니다. 맛있는 음식이 생기면 당신과 나누어 먹었고, 두어자 옷감이 생겨도 당신과 함께 지어 입었지요. 그렇게 살아온 지 수십 년, 정은 더할 수 없이 쌓였고 깊은 사랑도 다 이야기할 수가 없습니다.

하지만 이제 몸은 늙고 병은 날로 깊어져 추위와 배고픔을 견딜 수 없게 되었습니다. 산처럼 쌓인 수치심을 감추고 집집을 돌면서 구걸하여 보지만 아이들의 배고픔조차 해결할 수가 없습니다.

이런 형편에 부부의 사랑이 다 무슨 소용이 있습니까? 예쁜 얼굴, 고운 웃음은 풀잎의 이슬과 같고, 굳게 맹세한 마음도 바람에 날리는 버들가지와 다를 바가 없습니다. 당신에겐 내가 있어 짐이 되고, 나 또한 당신 때문에 괴로워하고 있습니다.

　우리가 어쩌다 이렇게 되었지요? 좋을 때 함께 하고 어려울 때 헤어지는 일은 차마 못할 짓이지만, 아이들을 보아서라도 차라리 지금 헤어져 사는 것이 옳을 듯합니다."

　마침 조신도 그와 같은 생각을 하고 있던 터라, 부부는 아이들을 둘씩 데리고 갈라서게 되었습니다.

　"나는 고향으로 갈테니 당신은 남쪽으로 가세요."

　아내의 이 말을 듣고 잡았던 손을 놓으며 돌아서는 순간, 조신스님은 꿈에서 깨어났습니다. 관음상 밑의 어스름한 등불은 홀로 너울거렸고, 밤은 이미 깊어 있었습니다.

　이튿날 아침, 조신스님은 수염과 머리카락이 모두 흰색으로 바뀌어 있는 자신의 모습을 보게 되었고, 태수의 딸에 대한 사랑도 이미 눈 녹듯 사라져 버렸음을 깨달았습니다.

　조신스님은 관세음보살을 우러러보며 깊이 참회하고, 해현령 고개로 올라가 꿈에서 큰아들을 묻었던 곳을 파보았더니, 뜻밖에도 돌미륵이 있었습니다. 스님은 돌미륵을 깨끗이 씻어 부근의 절에다 모신 다음, 세규사로 돌아가 논밭을 관리하는 일을 그만두고, 정토사淨土

寺라는 절을 지어 부지런히 불법을 닦았습니다.

　관세음보살님은 승려 조신의 불타는 소원을 들어주지 않았습니다. 하지만 조신의 애타는 사랑을 꿈으로 풀어주셨고, 인생이 한바탕의 꿈인 줄을 깨우쳐 주셨습니다. 무명無明이 만들어낸 세계가 무상無常하기 꿈과 같은 줄을 깨닫게 하고, 그 꿈에서 깨어나게끔 하는 꿈을 준 것입니다.

　실로 우리가 공부를 잘하려면 인생무상이요 일장춘몽임을 깊이 느껴야 합니다. 인생이 덧없고 무상無常한 것임을 알아야 부처가 되겠다는 무상발심無上發心을 할 수가 있고, 발심하고 공부하여 일체의 대상에 대해 '밉다 곱다' 는 상이 없는 무상無相을 체득하면 무상보리無上菩提를 얻을 수 있게 됩니다.

　흐르는 시간은 멈추지 않습니다. 무수히 내일을 기약하며 살아가지만, 잠깐 사이에 하루하루가 지나 한 달이 되고 일 년이 되며, 마침내 인생은 무상하게 끝나는 것입니다.

　젊은 시절에 게으름과 번뇌망상의 집착에 빠져 제대로 된 공부를 하지 않다가, 늙은 다음에 뉘우치면서 시작하려 해 봐야 되지 않습니다. 몸이 늙으면 기력이 쇠

잔해지고 정신이 혼미해져서, 아무리 공부를 하려 해도 잘 되지가 않는 것입니다.

몇 생을 닦지 않은 이 몸입니다. 만일 금생에도 닦지 않으면 백천만겁에 다시 불법을 만나기가 어렵게 될지도 모릅니다. 어떻게 하루를 헛되이 보낼 수 있으며, 일생을 닦지 않고 마칠 수 있겠습니까?

조선시대 중기에 환성 지안선사(喚醒 志安禪師: 1664~1729)라고 하는 큰 스님이 계셨습니다. 이 스님이 석왕사釋王寺 대법당에서 설법을 하고 있는데, 키는 9척 장신이고, 화등잔처럼 커다란 눈에서는 빛이 쏟아져 나왔으며, 코는 주먹만큼 큰 굉장한 거인이 법당 문을 열고 들여다보는 것이었습니다. 그 거인이 설법하는 지안스님을 쳐다보더니 한 마디 툭 내뱉었습니다.

"난 또 누구라고, 대단하시네. 잣벌레 어르신네가 대단하시구만."

그리고는 문을 닫고 사라지는 것이었습니다. 의아해진 대중들은 스님께 여쭈었습니다.

"웬 사람인데 스님께 잣벌레라고 합니까?"

"저 분은 부처님 당시 영산회상靈山會上을 지켰던 신장神將이셨느니라. 나는 그때 잣벌레였는데, 부처님께서

법문을 하실 때마다 법상法床에 붙어서 법문을 들었고, 부처님의 법문을 들은 인연공덕으로 그 다음 생에 인간의 몸을 받아 승려가 되었으며, 오늘날 화엄대법사가 된 것이니라. 그때로부터 지금까지 삼천 년 가까이 지났건만, 저 신장님의 나이는 몇 살 밖에 더 먹지 않은 것 같구나."

8

발심하여 공부를 하면 참으로 모든 것이 달라지게 됩니다. 보십시오. 영산 당시의 신장이 화엄대법사가 된 지안스님을 보호하는 역할을 맡게 되지 않았습니까? 잊지 마십시오. 꾸준히 공부하게 되면 영산회상 당시의 잣벌레도 능히 화엄법사가 될 수 있습니다.

하물며 인간의 몸을 받아 살고 있는 우리가 지금 발심하여 수행한다면 어떻게 되겠습니까? 화엄대법사 정도가 아니라 능히 부처를 이룰 수 있습니다.

열쇠는 오직 하나입니다. 바로 이 생에 닦느냐 닦지 않느냐에 달려 있습니다. 이 생, 아니 지금 이 자리에서부터 시작하십시오. 오래지 않아 이 몸뚱이는 마치고 말 것인데, 다음 생을 어찌 기약하며 내일을 어찌 믿겠습니까? 생각하면 생각할수록 급하고 또 급한 일입니다.

맺는 말

 이제 본문에 대한 강의는 끝났습니다. 그러나 이 끝이 바로 시작이기에, 거듭 간절히 당부드립니다.
 부지런히 정진하십시오. 지금까지 게을렀더라도 괜찮습니다. 이제부터 발심수행하면 됩니다.
 도는 '지금 그리고 여기'에 있습니다. 그러므로 우리들의 수행도 '지금 그리고 여기'에서 시작하면 됩니다. 지금이 어찌 늦은 때이겠습니까? 결코 늦은 때가 아니니 한마음 돌이켜 힘껏 정진하시기를 간청드리면서, 발심과 수행을 독려하는 한 편의 이야기로 마무리를 짓겠습니다.

❀

 옛날, 그림을 잘 그리고 단청丹靑을 아주 잘 하는 청화원靑畵員이라는 스님이 있었습니다. 하지만 청화원은 단청을 해 주고 돈이 생길 때마다 고기 안주에 한 잔 술을 즐겨 마셨고, 기방妓房에도 자주 출입하였습니다. 그야말로 시원찮게 중노릇을 한 것입니다.
 그런데 50세가량 되었을 때 갑자기 청화원에게 죽음

이 찾아왔습니다. 염라대왕의 명을 받은 일직사자와 월직사자가 들이닥친 것입니다.

"청화원은 염라대왕의 명을 받아라. 이제 세상 인연이 다했으니 함께 떠나자."

'아이쿠나. 염라대왕이 나를 이렇게 빨리 데려갈 줄이야. 내 평소 소행으로는 잡혀가는 즉시 지옥 감방 신세를 지게 될 것이다.'

정신이 번쩍 든 청화원은 일직사자와 월직사자에게 사정을 하기 시작했습니다.

"부디 7일만 있다가 데리고 가십시오. 평생 중 노릇 한번 변변히 하지 못했는데, 7일 동안만이라도 불철주야 도를 닦고자 합니다. 공부 잘할 수 있게 7일만 말미를 주십시오."

그러나 젊은 일직사자는 염라대왕의 명을 거역할 수 없다며 당장 포박을 하려 했습니다. 그냥 잡혀갈 수 없었던 청화원은 손이 발이 되도록 빌면서 7일간만 말미를 줄 것을 애원하고 또 애원했습니다. 너무나 간절한 그의 애원은 나이든 월직사자의 마음을 움직였고, 마침내 월직사자가 젊은 일직사자를 달래었습니다.

"우리는 또 데리고 가야할 사람이 있지 않은가. 그 사람에게 갔다가 돌아오면 7일 정도는 걸릴 것이야. 그때까지만 봐 주도록 하세."
 이렇게 하여 청화원의 목숨은 7일 연장되었습니다.
 '7일 동안의 용맹정진! 그동안 무슨 공부를 해야 제대로 할 것인가?'
 고민을 하던 청화원은 몇 해 전 선방禪房 옆을 지나가다가 우연히 듣게 된 조실스님의 법문이 문득 떠올랐습니다.

 중국 제일의 거사요 도인이신 방거사龐居士가 망연히 앉았다가, 이미 도를 깨달은 딸 영조靈照에게 넌지시 한마디를 던졌느니라.
 "영조야, 한 수행자가 선사를 찾아가서 물었느니라.
 '어떠한 것이 불법의 대의입니까?'
 '밝고 밝은 백 가지 풀끝에 밝고 밝은 조사의 뜻이다〔明明百草頭 明明祖師意〕.'
 이 선사의 대답을 너는 어떻게 생각하느냐?"
 영조는 아버지의 말씀이 끝나기가 바쁘게 대뜸 욕설을 퍼부었느니라.
 "머리가 희고 이가 누렇게 된 늙은이의 소견이 아직도 저 정도밖에 되지 않다니!"
 "그럼 너는 불법의 대의에 대해 어떻게 대답하겠느냐?"

맺는 말 217

"밝고 밝은 백 가지 풀끝에 밝고 밝은 조사의 뜻입니다〔明明百草頭 明明祖師意〕."

이 대답에 방거사는 머리를 끄덕이며 긍정했느니라.

수좌들이여, '명명백초두 명명조사의' 라는 말의 뜻을 알면 염라대왕이 합장하여 무릎을 꿇고, 삼세의 모든 부처님, 역대 조사스님들과 더불어 같이 춤추고 같이 노래를 부를 것이다.

청화원은 조실스님의 법문 중 '염라대왕이 합장하고 무릎을 꿇는다' 고 한 말이 무엇보다 좋았습니다. 그 순간부터 청화원은 '밝고 밝은 백가지 풀끝에 밝고 밝은 조사의 뜻이 있다' 고 한 말씀의 뜻을 알고자 열심히 참선했습니다.

'도대체 무슨 뜻이 담긴 말인가?'

'그 뜻이 무엇인고?'

'무엇고?'

'?'

이렇게 7일 남은 생명을 다 바쳐 밥도 먹지 않고 잠도 자지 않고 일심으로 의문을 풀고자 했습니다. 그러다가 완전히 삼매의 경지에 들어갔습니다.

마침내 7일이 지나가고 다른 곳을 다녀온 일직사자

와 월직사자가 소리쳤습니다.

"청화원아, 나오너라. 이제 염라대왕을 뵈러 가자."

그러나 청화원의 모습은 보이지 않았습니다. 절 안을 이 잡듯이 뒤지고, 온 나라 안을 샅샅이 찾았어도 발견할 수가 없었습니다. 마침내 염라대왕이 친히 나서서 모든 세상의 구석구석까지를 다 뒤졌는데도 청화원은 찾을 수가 없었습니다.

색즉시공色卽是空. 색이 공해버렸으므로, 이 색신色身이 그냥 공신空身이 되어버렸습니다. 마음이 삼매에 들어 공하여졌으므로 몸뚱이가 보이지 않았습니다. 그 결과 염라대왕이 아무리 잡아가려해도 잡아갈 수가 없게 된 것입니다.

❧

스님이든 속인이든 상관이 없습니다. 이 청화원처럼 마지막이라 생각하고 용맹정진한다면 죽음도 염라대왕도 앞을 막지 못합니다.

모름지기 돈·권력·명예·애욕과 함께 하는 인생의 무상無常을 바로 보고 오직 간절하게 무상발심無上發心을 하여 부처님의 적멸궁을 향해 나아가면 무상대도無上大道가 반드시 나의 것이 된다는 것!

이것이 부처님의 한결같은 말씀이요, 원효스님께서

『발심수행장』을 쓴 까닭입니다. 마음이 약해지고 흩어질 때마다 거듭거듭 『발심수행장』을 읽으면서 다지고 또 다져가십시오. 결정코 부처님의 적멸궁에 도착하게 될 것입니다.

모두 다 성불하여지이다.

부록

독송용 발심수행장

발심수행장

대저 모든   부처님이   적멸궁을   장엄함은
다생다겁   욕심놓고   고행을 한   까닭이오
중생들이   윤회하며   불타는 집   넘나듦은
무량세월   탐욕심을   놓지 못한   때문일세

막지 않는   저 천당에   가는 사람   적은 것은
탐진치심   번뇌로써   재물 삼기   때문이요
꾀임 없는   삼악도에   많은 사람   가는 것은
네 독사와   오욕으로   마음 보물   삼음일세

산에 가서   도 닦기를   그 누군들   싫어하랴
애욕 속에   결박되어   하지 못할   뿐인 것을
산에 가서   마음 닦지   못한다고   할지라도
스스로의   힘을 따라   착한 행을   닦을 지라

나의 쾌락   잘 버리면   성인처럼   공경 받고
어려운 일   능히 하면   여래처럼   존중 받네
재물 간탐   하는 이는   바로 마귀   권속이요
자비보시   하는 사람   법왕자가   되느니라

발심수행장

夫諸佛諸佛　　莊嚴寂滅宮　　부제불제불　장엄적멸궁
　於多劫海　　　捨欲苦行　　　어다겁해　사욕고행
　衆生衆生　　　輪廻火宅門　　중생중생　윤회화택문
　於無量世　　　貪欲不捨　　　어무량세　탐욕불사

　無防天堂에　　少往至者는　　무방천당　소왕지자
　三毒煩惱로　　爲自家財요　　삼독번뇌　위자가재
　無誘惡道에　　多往入者는　　무유악도　다왕입자
　四蛇五欲으로　爲妄心寶니라　사사오욕　위망심보

　人誰不欲　　　歸山修道리요마는　인수불욕　귀산수도
　而爲不進은　　愛欲所纏이니라　이위부진　애욕소전
　然而不歸　　　山藪修心이나　연이불귀　산수수심
　隨自身力하야　不捨善行이어다　수자신력　불사선행

　自樂能捨하면　信敬如聖이요　자락능사　신경여성
　難行能行하면　尊重如佛이라　난행능행　존중여불
　慳貪於物은　　是魔眷屬이요　간탐어물　시마권속
　慈悲布施는　　是法王子니라　자비보시　시법왕자

바위 솟은 높은 산은 지혜인의 살 곳이요
깊은 골의 소나무숲 수행인의 거처로다
나무 열매 따먹으며 주린 창자 위로하고
흐르는 물 떠마시며 타는 갈증 식힐지라

좋은 음식 늘 먹어도 몸은 끝내 무너지고
비단으로 감싸줘도 이내 목숨 마치리니
잘 울리는 바위굴로 염불하는 법당 삼고
슬피우는 새소리로 마음 벗을 삼을지라

무릎 시려 에어져도 불 그리워 하지 말고
주린 창자 끊어져도 음식 생각 말지어다
백년 세월 잠깐인데 어찌 아니 배울거며
일평생이 얼마건데 닦지 않고 방일하랴

심중 애착 떠난 이를 사문이라 이름하고
세속 일에 연연 않음 출가라고 하는도다
비단 옷을 걸친 행자 상피를 쓴 개와 같고
도인 연정 품는 것은 쥐 집에 든 고슴도치

비록 재지 있더라도 도시에서 사는 이는
일체 모든 부처님이 슬피 여겨 근심하고

高嶽峨巖은　智人所居요　　고악아암 지인소거
碧松深谷은　行者所棲라　　벽송심곡 행자소서
飢飡木果하야　慰其飢腸하고　기손목과 위기기장
渴飮流水하야　息其渴情이니라　갈음유수 식기갈정

喫甘愛養하야도　此身定壞요　　끽감애양 차신정괴
着柔守護하야도　命必有終이니　착유수호 명필유종
助響巖穴로　爲念佛堂하고　　조향암혈 위염불당
哀鳴鴨鳥로　爲歡心友니라　　애명압조 위환심우

拜膝如氷이라도　無戀火心하며　배슬여빙 무련화심
餓腸如切이라도　無求食念하라　아장여절 무구식염
忽至百年이어늘　云何不學이며　홀지백년 운하불학
一生幾何건대　不修放逸고　　일생기하 불수방일

離心中愛은　是名沙門이요　　이심중애 시명사문
不戀世俗은　是名出家라　　불연세속 시명출가
行者羅網하야　狗被象皮하고　행자라망 구피상피
道人戀懷하야　蝟入鼠宮이니라　도인연회 위입서궁

雖有才智하야　居邑家者　　수유재지 거읍가자
諸佛是人하야　生悲憂心　　제불시인 생비우심

독송용 발심수행장 225

설령 도행　　없더라도　　산중에서　　사는 이는
많고 많은　　성현들이　　기뻐하고　　사랑하네

배운 것이　　많다 해도　　계와 행이　　없는 이는
보물창고　　일러 줘도　　찾지 않는　　것과 같고
부지런히　　행하지만　　지혜로움　　없는 이는
가야할 길　　동쪽인데　　서쪽 길로　　향하나니
지혜인은　　쌀을 쪄서　　밥을 짓듯　　실천하고
무지하면　　모래 쪄서　　밥을 짓듯　　행동하네

배 고프면　　밥 먹을 줄　　누구나 다　　알면서도
불법 배워　　치심 개조　　어찌하지　　않는 건가
행과 지혜　　갖추는 것　　수레바퀴　　둘과 같고
자리이타　　보살행은　　새의 양쪽　　날개로다

죽 얻으며　　축원해도　　그 참뜻을　　모른다면
정성스런　　그 보시에　　어찌 아니　　부끄럽고
공양 올려　　염불해도　　깊은 이치　　못깨치면
불보살님　　성현 앞에　　죄스럽지　　아니한가

추잡하게　　사는벌레　　사람들이　　미워하듯
청정행을　　잃은 사문　　성현들이　　싫어하네

設無道行하야　住山室者　　설무도행 주산실자
衆聖是人하야　生歡喜心　　중성시인 생환희심

雖有才學이나　無戒行者는　수유재학 무계행자
如寶所導　　　而不起行이요　여보소도 이불기행
雖有勤行이나　無智慧者는　수유근행 무지혜자
欲往東方　　　而向西行이니라　욕왕동방 이향서행
有智人所行은　蒸米作飯이요　유지인소행 증미작반
無智人所行은　蒸沙作飯이니라　무지인소행 증사작반

共知喫食　　　而慰飢腸호대　공지끽식 이위기장
不知學法　　　而改癡心이니라　부지학법 이개치심
行智具備는　　如車二輪이요　행지구비 여거이륜
自利利他는　　如鳥兩翼이니라　자리이타 여조양익

得粥祝願하되　不解其意하면　득죽축원 불해기의
亦不檀越에　　應羞恥乎며　역부단월 응수치호
得食唱唄하되　不達其趣하면　득식창패 불달기취
亦不賢聖에　　應慙愧乎아　역불현성 응참괴호

人惡尾蟲을　　不辨淨穢하듯　인오미충 불변정예
聖憎沙門은　　不辨淨穢니라　성증사문 불변정예

독송용 발심수행장　227

세상 소란 모두 떠나 천상으로 가는 데는
청정 계행 지키는 것 가장 좋은 사다리다

그러므로 파계한 이 남의 복전 되려 함은
거북 업고 날려 하는 날개 꺾인 새 신세라
자기 허물 못 벗는데 남의 죄를 어찌하며
계행 없이 남의 공양 어찌 감히 받을 건가

행이 없는 헛된 몸은 돌보아도 이익 없고
무상 속의 뜬 목숨은 아껴본들 쓸데 없다
용상의 덕 바라거든 오랜 고행 능히 참고
사자좌를 기대하면 욕심 쾌락 버릴지라

행자 마음 깨끗하면 천신들이 찬탄하고
도 닦는 이 탐색하면 선신들이 떠나가네
사대로 된 흩어질 몸 얼마동안 보존할까
해는 금방 저무나니 어서 빨리 마음 닦자

무엇하러 고통 받는 세상 쾌락 탐착하며
한 번 참아 긴 낙 얻는 수행 어찌 마다하리
도 닦는 이 탐욕심은 수행인의 큰 수치요
출가인의 재산 모음 군자들이 웃는다네

棄世間喧하고 乘空天上은　기세간훤 승공천상
戒爲善梯니라　　　　　　계위선제

是故破戒하고 爲他福田은　시고파계 위타복전
如折翼鳥가 負龜翔空이라　여절익조 부구상공
自罪未脫하면 他罪不贖이니　자죄미탈 타죄불속
然豈無戒行코 受他供給이리　연기무계행 수타공급

無行空身은 養無利益이요　무행공신 양무이익
無常浮命은 愛惜不保니라　무상부명 애석불보
望龍象德하야 能忍長苦하고　망용상덕 능인장고
期獅子座하야 永背欲樂이니라　기사자좌 영배욕락

行者心淨하면 諸天共讚하고　행자심정 제천공찬
道人戀色하면 善神捨離니라　도인연색 선신사리
四大忽散이라 不保久住니　사대홀산 불보구주
今日夕矣라 頗行朝哉인저　금일석의 파행조재

世樂後苦어늘 何貪着哉며　세락후고 하탐착재
一忍長樂이어늘 何不修哉리요　일인장락 하불수재
道人貪은 是行者羞恥요　도인탐 시행자수치
出家富는 是君子所笑니라　출가부 시군자소소

이런 말씀　끝 없거늘　어찌 그리　탐착하여
다음 다음　미루면서　애착 끊지　못하는가
세상 일이　한없거늘　어찌 그리　못버리고
끊임없이　일 꾀하며　끊을 생각　아니하네

하루하루　짓는 악업　날로날로　늘어가고
내일내일　미룬 선업　날로날로　줄어들며
좋은 금년　다짐하나　번뇌망상　한이 없고
내년으로　미루면서　보리정진　하지 않네

시간들이　흘러흘러　급히 하루　지나가고
하루이틀　흘러흘러　보름 한달　속히 가며
한달두달　계속되어　홀연 일년　지나가고
한해두해　거듭하여　문득 죽음　닥치도다

깨진 수레　못 구르고　늙어지면　못 닦거늘
눕고 앉아　게으름과　망상만을　부리는가
몇 생이나　닦았기에　낮과 밤을　헛 보내며
사는 날이　얼마기에　이 생마저　닦지 않나

헛된 이 몸　마친 뒤에　다음 생을　어이할고
생각하면　급하구나　급하고 또　급하구나

遮言不盡이어늘 貪着不己하며　　차언부진 탐착불기
第二無盡으로　不斷愛着하며　　제이무진 부단애착
此事無限이어늘 世事不捨하며　　차사무한 세사불사
彼謀無際하야　絶心不起로다　　피모무제 절심불기

今日不盡하야　造惡日多하고　　금일부진 조악일다
明日無盡하야　作善日少하매　　명일무진 작선일소
今年不盡하야　無限煩惱하고　　금년부진 무한번뇌
來年無盡하야　不進菩提로다　　내년무진 불진보리

時時移移하야　速經日夜하고　　시시이이 속경일야
日日移移하야　速經月晦하며　　일일이이 속경월회
月月移移하야　忽來年至하고　　월월이이 홀래년지
年年移移하야　暫到死門하니라　년년이이 잠도사문

破車不行이요　老人不修라　　　파거불행 노인불수
臥生懈怠하고　坐起亂識이니라　와생해태 좌기난식
幾生不修하고　虛過日夜하며　　기생불수 허과일야
幾活空身하야　一生不修요　　　기활공신 일생불수

身必有終하니　後身何乎아　　　신필유종 후신하호
莫速急乎며　　莫速急乎니라　　막속급호 막속급호

기도 및 영가천도의 지침서

❂

광명진언 기도법 / 일타스님·김현준   신국판 176쪽 6,000원
광명진언 기도를 널리 펴고자 일타스님과 김현준 원장이 함께 저술한 책. 광명진언 속에 새겨진 참의미와 바른 기도법, 빠른 기도성취법 등을 자상하게 설하고, 유형별 기도성취 경험담을 다양하게 수록하였으며, 누구나 보기 쉽도록 큰활자로 발간하였습니다. 광명진언을 외우면 행복과 평화, 영가천도, 소원성취를 이룰 수 있습니다.

기도 / 일타스님   신국판 240쪽 8,000원
총 6장 52편의 다양한 기도 영험담으로 엮어진 이 책을 읽다보면 기도를 통해 틀림없이 부처님의 가피를 입을 수 있음을 확신할 수 있게 되고, 올바른 기도법과 함께 기도성취의 지름길을 알 수 있게 됩니다.

기도성취 백팔문답 / 김현준   신국판 240쪽 8,000원
기도에 대한 정의·기도와 믿음·업장소멸의 방법·꾸준한 기도의 효험·원을 세우는 법·축원법·각종 기도가피와 기도성취의 시기·성취를 위한 하심법下心法 등 기도에 관한 궁금증들을 문답형식으로 자상하게 풀이하였습니다.

참회와 사랑의 기도법 / 김현준   신국판 192쪽 6,500원
총 84가지 문답을 통하여 참회의 정의에서부터 참회기도를 해야하는 까닭, 절을 통한 참회법·염불참회법·주력참회법·가족을 향한 참회법, 기도 축원의 구체적인 내용 및 자비의 기도가 갖는 효과, '백중과 영가천도'등에 대해 아주 상세하게 설명하고 있습니다.

참회·참회기도법 / 김현준   신국판 160쪽 5,500원
참회의 참된 의미, 절·염불을 통한 참회법, 참회인의 마음가짐, 이참법 등을 영험담들과 함께 감동 깊게 엮은 책으로, 참회를 통해 행복하고 자유로운 삶을 사는 방법을 열어주고 있습니다.

불교의 자녀사랑 기도법 / 김현준   신국판 160쪽 5,500원
사랑하는 자녀들을 가장 잘 사랑할 수 있는 방법을 부처님의 가르침에 의지하여 정립하고 생활화한 책입니다. 이 책의 가르침을 따라 자녀를 사랑하고 기도해보십시오. 우리의 자녀들이 뜻하는 바 소원을 성취하고, 행복과 평화를 누릴 수 있게 될 것입니다. 부록으로 부모님께 효도하여야 하는 까닭과 방법도 수록하였습니다.

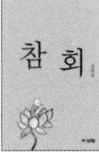
참회〈신간〉 / 김현준   4×6판 160쪽 5,000원
참회의 원리와 공덕, 절·염불·주력을 통한 참회법, 간단하면서도 효과가 큰 오회참법, 자비축원의 참회, 이참법, 원효대사의 대승육정참회 등을 감동 깊게 엮은 책으로, 참회를 통해 깨달음을 이루고 자유로운 삶과 행복하게 사는 방법 등을 일러주고 있습니다.

법보시를 원하시는 분은 출판사로 연락 주십시오. 할인혜택을 드립니다.
전화 02-587-6612, 582-6612 팩스 02-586-9078

신묘장구대다라니 기도법 / 우룡스님·김현준　　신국판　208쪽　7,000원
신묘장구대다라니를 외우면 생겨나는 가피와 공덕, 기도의 방법과 주의할 점, 우룡스님이 들려주는 14편의 영험담, 대다라니의 근본경전인 『무애대비심다라니경』을 수록하고 있는 이 책을 읽고 자신있게 기도하면 심중소원의 성취와 기적같은 체험도 할 수 있습니다.

기도 성취의 지름길 / 우룡스님　　　　　　4×6판　160쪽　4,500원
가족을 위한 기도와 기도 성취의 원리에 초점을 맞춘 감동적인 기도법문입니다. 제1부「가족 행복을 위한 기도」에서는 가족을 향한 참회와 절의 필요성, 3배 기도의 큰 영험에 대해 일러주고 있으며, 제2부「빠른 기도 성취의 길」에서는 믿음과 정성이 뒤따라야 기도 성취를 잘할 수 있고, 기도의 고비를 잘 넘겨야 능히 행복과 대해탈의 문이 열린다는 것을 많은 이야기를 곁들여 설하고 있습니다.

기도 이야기 / 우룡스님　　　　　　　　　신국판　204쪽　7,000원
"스님, 기도로 소원을 성취할 수 있습니까?" 총 6장 45편의, 참으로 재미있는 기도성취 영험담이 수록된 이 책을 읽고 기도를 하면, 불보살님과 통하는 감응의 길이 열리면서 심중소원을 빨리 성취하게 됩니다. 또한 이야기 끝에 붙인 큰스님의 해설은 기도의 방법을 쉽게 터득할 수 있도록 이끌어줍니다.

영가천도 / 우룡스님　　　　　　　　　　신국판　160쪽　5,500원
영가의 장애를 느끼십니까? 돌아가신 영가를 영가 제대로 천도해 드리지 못했습니까? 영가천도의 필요성과 기본자세, 염불·독경·사경을 통한 영가천도, 49재, 낙태아 천도 등 영가천도에 관한 궁금증 및 천도의 방법을 우룡스님의 자세한 법문으로 풀어드립니다.

관음신앙·관음기도법 / 김현준　　　　　신국판　240쪽　8,000원
관세음보살의 구원 능력, 주요 경전 속의 관음관, 11면관음·천수관음·32응신·33관음 등 자비관음의 여러 가지 모습, 일심칭명 일념염불의 관음기도법, 독경 사경 기도법, 다라니 염송 기도법 등을 자세하고도 알기 쉽게 풀이하였습니다.

미타신앙·미타기도법 / 김현준　　　　　신국판　160쪽　5,500원
아미타불의 참 모습에서부터 극락에서 누리는 행복, 칭명염불·오회염불·관상염불·천도염불 등의 각종 염불수행법과 함께 임종하는 이를 위한 의식과 49재 기간의 행법 등을 자세히 밝히고 있습니다.

지장신앙·지장기도법 / 김현준　　　　　신국판　192쪽　6,500원
지장신앙 속에는 영가천도뿐만이 아니라 현세에서의 행복과 깨달음, 성불의 비결까지 간직되어 있습니다. 이러한 지장신앙의 여러 측면과 함께 생활 속에서 할 수 있는 지장기도법을 자세히 밝혀놓았습니다.

많이 찾는 기도 독송용 경전

한글『법화경』과『법화경 한글사경』

불교 최고 경전인 법화경! 이 경을 독송하고 사경해 보십시오.
소원성취는 물론 깨달음과 경제적인 풍요까지 안겨줍니다.

법화경 (독송용) 김현준 역 4×6배판 총22,000원
전3책 제1·2책 176쪽 7,000원 제3책 192쪽 8,000원
양장본 전1책 25,000원
법화경 한글사경 김현준 역 4×6배판 총 22,500원
전5책 각권 120쪽 내외 권당 4,500원

지장경 김현준 편역   4×6배판 208쪽 8,000원

이 책은 지장기도를 하는 분들을 위해 ① 지장경을 처음부터 끝까지 1번 독송,
② '나무지장보살'을 천번염송, ③ 지장보살예찬문을 외우며 158배,
④ '지장보살' 천번 염송의 4부로 나누어 특별히 만들었습니다.
지장경 독경 및 지장보살예참과 염불을 할 때, 각 장 앞에 제시된 기도법에 따라
기도를 하면, 영가천도·업장소멸·소원성취·향상된 삶을 이룩할 수 있습니다.

자비도량참법 / 김현준 역   양장본 528쪽 25,000원

참되이 참회하시기를 원하십니까? 자비도량참법 기도를 하면 나의 허물과 죄업의
참회에서 시작하여 부모 스승 친척 등 육도 속을 윤회하는 온 법계 중생의 업장과
무명까지 모두 소멸시켜주며, 자비가 충만해지고 환희심이 넘쳐나게 됩니다.

원각경 / 김현준 편역   4×6배판 192쪽 8,000원

한국불교의 근본 경전인 원각경을 수십 차례 번역·수정·윤문하여 쉽게 이해할 수 있도록 하였습니다. 한글과 원문을 바로 옆에 두어 대조하며 읽을 수 있습니다.

유마경 / 김현준 역   4×6배판 296쪽 12,000원

보살의 병, 불도란 어떤 것인가? 깨달음의 세계로 들어가는 불이법문, 참된 불국토를 건설하는
방법 등등 매우 소중한 가르침들을 가득 담고 있는 이 경을 읽다보면 마음이 탁 트입니다.

승만경 / 김현준 편역   4×6배판 144쪽 6,000원

여인의 성불 수기와 함께 승만부인의 서원, 정법·번뇌·법신·일승·사성제·자성청정심·여래장사상 등을 분명히 밝힌 보배로운 경전입니다.(한글 한문 대조본)

보현행원품 / 김현준 편역   4×6배판 112쪽 4,500원

행원품과 예불대참회문을 함께 실어 독경 후 행원품에 근거한 정통 108배를 행할 수 있도록
만들었으며, 독송 방법과 대참회의 의미 등도 상세히 설명하였습니다.

밀린다왕문경 / 김현준 편역   신국판 204쪽 7,000원

그리스 왕인 밀린다와 불교 승려인 나가세나가 인생과 불교에 대해 대론한 것을 정리한 경전.
윤회·업·수행·지혜·해탈 등에 대한 조리정연한 번역이 신심을 더욱 불러일으킵니다.

● 아름다운 우리말 경전 시리즈 ●
〈가지고 다니면서 틈틈이 읽게 되면 독송과 기도에 큰 도움이 됩니다〉

유교경 (신간) / 일타스님·김현준 역　　　　　국반판 100쪽 2,000원
부처님의 간절한 마지막 가르침을 담은 매우 소중한 경전.

금강경 / 우룡스님 역　　　　　　　　　　국반판 100쪽 2,000원
'금강경을 우리말로 보급하겠다'는 원력에 의해 제작된 책.

관음경 / 우룡스님 역　　　　　　　　　　국반판 100쪽 2,000원
관음경의 번역과 함께 관음기도와 염불법에 대해 자세히 설한 책.

보현행원품 / 김현준 편역　　　　　　　　국반판 100쪽 2,000원
보현보살의 십대원을 설하여 참된 보살의 길로 이끌어주는 책.

약사경 / 김현준 편역　　　　　　　　　　국반판 100쪽 2,000원
한글 번역과 함께 약사기도법과 약사염불법에 대해 자세히 설한 있는 책.

지장경 / 김현준 편역　　　　　　　　　　국반판 196쪽 3,500원
편안한 번역으로 쉽게 이해할 수 있도록 하였으며, 기도법도 자세히 수록한 책.

부모은중경 / 김현준 역　　　　　　　　　국반판 100쪽 2,000원
부모님의 은혜를 느끼며 기도를 할 수 있게 엮은 책.

초발심자경문 / 일타스님 역　　　　　　　국반판 100쪽 2,000원
신심을 굳건히 하고 수행에 대한 마음을 불러일으키게끔 하는 책.

법요집 / 불교신행연구원 편　　　　　　　국반판 100쪽 2,000원
법회와 수행 시에 필요한 각종 의식문, 좋은 몇 편의 글들을 수록한 책.

금강경 / 우룡스님 역　　　　　　　　4×6배판 112쪽 4,500원
책 크기만큼 글씨도 크게 하고 한자 원문도 수록하였으며, 독송에 관한 법문도 첨부하였습니다. 사찰 및 가정에서의 독송용으로 매우 좋습니다.

약사경 / 김현준 편역　　　　　　　　4×6배판 100쪽 4,000원
아주 큰 활자로 약사경 한글 번역본을 만들었습니다. 약사경 독경 방법 및 약사염불법도 함께 실어 기도에 도움이 되도록 하였습니다.

관음경 / 우룡스님 역　　　　　　　　4×6배판 100쪽 4,000원
커다란 글씨의 관음경 해설과 함께 관음경의 원문과 독송법, 관음 염불 방법 등을 수록하여 관음경의 가르침을 쉽게 이해하도록 하였습니다.

아미타경 / 김현준 편역　　　　　　　4×6배판 92쪽 3,500원
아주 큰 활자 번역본으로, 독경 및 '나무아미타불' 염불 방법을 함께 실었습니다. 사찰에서 대중이 함께 독송할 때 또는 집에서 독송할 때 매우 유용합니다.

무량수경 / 김현준 역　　　　　　　　4×6배판 176쪽 7,000원
아미타불은 어떠한 분이며, 극락에는 어떠한 장엄과 멋과 행복이 갖추어져 있는가? 극락에 왕생하려면 이 현생에서 어떠한 삶을 살아야 하는가를 자상하게 묘사하고 있어, 독송을 하면 신심이 저절로 우러납니다.

알기 쉬운 경전 해설서

생활 속의 관음경 / 우룡스님   신국판 240쪽 8,000원
관세음보살보문품인 관음경을 통하여 관세음보살의 본질, 일심칭명과 재난 소멸법, 공경예배와 소원 성취법, 관세음보살을 관하는 법 등에 대해 여러 가지 영험담과 함께 감동적으로 풀이하고 있습니다.

생활 속의 천수경 / 김현준   신국판 280쪽 8,000원
천수관음이 출현하신 까닭, 천수관음을 청하는 법과 가피를 얻는 법, 신묘장구대다라니의 풀이와 공덕, 찬탄의 공덕과 참회성취의 비결, 준제기도 및 주요 진언 속에 깃든 의미, 여래십대발원문 사홍서원 삼귀의 의미 등을 상세히 풀이하였습니다.

생활 속의 반야심경 / 김현준   신국판 240쪽 8,000원
반야심경의 구절구절들을 우리의 생활과 결부시켜 참으로 쉽고 명쾌하게 해석하였습니다. 공空의 의미, 모든 괴로움의 원인과 해탈법, 색즉시공 공즉시색의 참 뜻, 걸림 없고 진실불허한 삶을 이루는 방법 등을 감동적으로 풀이하였습니다.

생활 속의 금강경 / 우룡스님   신국판 304쪽 9,000원
금강경의 심오한 내용을 알기 쉽게 풀이하고 일상생활과 접목시켜 강설함으로써 삶의 현장에서 금강경의 가르침을 능히 응용할 수 있도록 하였고, 감동을 주는 일화들을 많이 삽입하여 재미를 더해주고 있습니다.

생활 속의 보왕삼매론 / 김현준   신국판 240쪽 8,000원
『보왕삼매론』을 해설한 이 책은 병고 해탈, 고난 퇴치, 마음공부와 마장 극복, 일의 성취, 참사랑의 원리, 인연 다스리기, 공덕 쌓는 법, 이익과 부귀, 억울함의 승화 등 누구나 인생살이에서 겪게 되는 장애들을 속 시원하게 뚫어주고 있습니다.

화엄경 약찬게 풀이 / 김현준   신국판 216쪽 7,000원
불자들이 자주 독송하는 화엄경약찬게! 그냥 읽으면 참으로 어렵고 무슨 내용인지 알수 없지만 이 풀이를 본 다음에 읽으면 약찬게를 명확히 파악할 수 있게 될 뿐 아니라 화엄경의 내용까지 꿰뚫어 환희심이 샘솟고 대화엄의 세계에서 노닐 수 있게 됩니다.

예불문, 그 속에 깃든 의미 / 김현준   신국판 256쪽 8,000원
많은 불자들이 궁금해 하였던 오분향의 의미와 지심귀명례하는 방법, 불법승 삼보의 내용과 문수·보현·관음·지장보살, 십대제자·16나한·5백나한·천이백아라한·역대조사, 그리고 사부대중의 화합 등을 이 책 속에 모두 담았습니다.

※ 다량의 법보시는 할인혜택을 드립니다. 전화 02-587-6612, 582-6612

영험 크고 성취 빠른 각종 사경집 (책 크기 4×6배판)

광명진언 사경 (가로쓰기:1080번 사경)   128쪽 5,000원
광명진언 사경 (세로쓰기:1080번 사경)   128쪽 5,000원
눈으로 보고 입으로 외우고 손으로 쓰고 마음으로 새기는 광명진언 사경은 크나큰 성취를 안겨줍니다.

금강경 한글사경 (1책으로 3번 사경)   144쪽 5,500원
금강경 한문사경 (1책으로 3번 사경)   144쪽 5,500원
금강경 한문한글사경 (1책으로 1번 사경)   100쪽 4,000원
요긴하고 으뜸된 경전인 금강경을 사경해 보십시오. 업장소멸과 함께 크나큰 깨달음과 좋은 일들이 저절로 다가옵니다.

아미타경 한글사경 (1책으로 7번 사경)   116쪽 4,500원
살아 생전 또는 부모나 가까운 분이 돌아가셨을 때 이 경을 쓰면 극락왕생이 참으로 가까워집니다.

반야심경 한글사경 (1책으로 50번 사경)   116쪽 4,500원
반야심경 한문사경 (1책으로 50번 사경)   116쪽 4,500원
반야심경을 사경하면 호법신장이 '나'를 지켜주고, 공의 도리를 깨달아 평화롭고 안정된 삶이 함께 합니다.

신묘장구대다라니 사경 (50번 사경)   116쪽 4,500원
대다라니를 사경하면 관세음보살님과 호법신장들이 '나'와 주위를 지켜주고 소원성취와 동시에, 행복하고 자비심 가득한 마음을 가질 수 있도록 해줍니다.

천수경 한글사경 (1책으로 7번 사경)   112쪽 4,500원
천수경을 사경하고 독송하면 천수관음의 가피가 저절로 찾아들어, 업장 및 고난의 소멸과 갖가지 소원을 쉽게 성취할 수 있습니다.

관음경 한글사경 (1책으로 5번 사경)   112쪽 4,500원
관음경을 사경하면 늘 행복이 함께 하며, 학업성취·건강쾌유·자녀의 성공·경제문제 등에도 영험이 매우 큽니다.

지장경 한글사경 (1책으로 1번 사경)   144쪽 5,500원
지장경을 사경하고 독송하면 영가천도는 물론이요, 각종 장애가 저절로 사라지고 심중의 소원이 성취됩니다.

아미타불 명호사경 (1책으로 5,400번 사경)   160쪽 6,000원
'나무아미타불'과 '아미타불'을 오회염불법에 따라 외우고 쓰는 특별한 명호사경집입니다. 집중력을 더하여, 심중 소원 성취에 큰 도움을 줍니다.

관세음보살 명호사경 (1책으로 5,400번 사경)   108쪽 4,500원
지장보살 명호사경 (1책으로 5천번 사경)   108쪽 4,500원
'관세음보살'이나 '지장보살'의 명호를 쓰면서 입으로 외우고 마음에 새기면, 관세음보살님과 지장보살님의 가피를 입어 몸과 마음이 큰 변화를 이루고, 마음속의 원을 능히 성취할 수 있습니다.

일타큰스님의 스테디셀러

행복을 여는 감로법문 / 일타스님　　4×6판　100쪽　3,000원
이 책 속에는 일타스님 일평생 정진의 힘이 깃들어 있어 보는 사람들에게 큰 깨우침을 줍니다. 업과 복과 수행의 요점에 대해 생전에 설하신 이 감로법문을 읽다 보면 지혜의 눈과 행복의 문을 열려면 어떻게 해야 하는지를 분명히 알 수가 있습니다.

오계이야기 / 일타스님　　신국판　160쪽　5,500원
살생·투도·사음·망어의 근본 4계에 불음주계를 합한 5계에 대한 법문집. 재미있는 일화를 들어 각 계율의 연원과 지키는 방법, 계율을 범했을 때의 과보 등을 자세히 설했습니다. 복된 불자의 길로 나아가게 하는 불자의 필독서입니다.

● 신행과 포교를 위한 휴대용 불서 ●

제목	저자	판형	쪽수	가격
행복과 성공을 위한 도담	경봉스님	4×6판	100쪽	3,000원
일상기도와 특별기도	일타스님	4×6판	100쪽	3,000원
광명진언 기도법	일타스님·김현준	4×6판	100쪽	3,000원
보왕삼매론 풀이	김현준	4×6판	100쪽	3,000원
불교예절입문	일타스님	4×6판	100쪽	3,000원
불자의 삶과 공부	우룡스님	4×6판	100쪽	3,000원
바느질하는 부처님	김현준 엮음	4×6판	100쪽	3,000원

육조단경(덕이본德異本) 증보개정판 / 김현준 역　　4X6배판　208쪽　8,000원
육조 혜능대사께서 설한 선종의 근본 경전으로, 인간의 참된 본성을 보게 하여 마음을 치유하고 깨달음을 열어줍니다. 계속 정독하면 영성이 깨어나고 대자유인이 될 수 있습니다. 증보개정판을 내면서 한글 번역 옆에 한자 원문을 붙여 뜻을 잘 이해할 수 있도록 하였으며, 글씨를 조금 더 크고 뚜렷하게 하여 읽기 좋도록 하였습니다.

선가귀감 / 서산대사 저　김현준 역　　4X6배판　136쪽　6,000원
조선시대 최고의 고승인 서산대사께서 선禪에 대한 다양한 가르침을 중심에 두고 참회·염불·계율·육바라밀·도인의 삶 등을 간절하게 설하여 불자들의 신심과 정진에 큰 도움을 주는 소중한 책입니다. 읽으면 읽을수록 쾌락함과 깊은 맛을 느낄 수 있습니다.　　　　　　　　　　　(한글 한문 대조본)